POUR TOUT VOUS DIRE...

JEAN-PIERRE PERNAUT

POUR TOUT VOUS DIRE...

Michel LAFON

Du même auteur,
chez le même éditeur :

Les Magnifiques Métiers de l'artisanat, tome 1, 2004
Les Magnifiques Métiers de l'artisanat, tome 2, 2005

7-13, boulevard Paul-Émile Victor - Île de la Jatte
92521 Neuilly-sur-Seine Cedex

À Julia, Lou, Olivier et Tom.
À Nathalie.

AVANT-PROPOS

À l'aube de l'été 2005, je consacrais mes rares heures libres à un livre que mon éditeur se proposait de publier à l'occasion de mes vingt ans au journal de 13 heures.

À la fin de l'été, j'ai dû y ajouter un certain nombre de pages : la soixantaine de couvertures de magazines et autres articles délirants qui nous avaient été consacrés – à ma compagne, mère de mes deux enfants, et à moi-même – m'imposaient de réagir, après avoir respecté un silence absolu sur cette lamentable histoire dans la presse.

Ce livre n'en reste pas moins celui d'un journaliste que sept à huit millions de téléspectateurs invitent chaque jour à leur table, et dont l'objectif principal est de leur montrer le monde dans lequel ils vivent. Simplement, tant qu'à me trouver affublé des oripeaux à deux sous des vendeurs de scandale, j'ai préféré me déshabiller carrément. Et parler de la vraie vie.

La mienne, mais aussi la vôtre ! Le fait d'être populaire – ou célèbre pour quelques artistes, politiciens ou autres grands (?) de ce monde ne doit faire rêver (ou cauchemarder) personne au-delà de ses terres personnelles. C'est en effet l'acharnement de certaines parutions à détourner l'attention des lecteurs de leur propre existence qui me révulse. Je me suis trop battu, pendant des années, pour montrer aux téléspectateurs que de véritables merveilles – dont personne ne parlait – pouvaient nous éblouir au fin fond des campagnes et des villes, chez de talentueux artisans, cultivateurs, fermiers, villageois épris de tradition ou des citadins inventifs, pour accepter que des centaines de milliers de lecteurs trouvent leur quotidien terne comparé à celui des « vedettes ». À moins que les vendeurs de torchons de papier n'étalent les malheurs vrais ou faux de ces privilégiés, histoire de consoler – de façon bien médiocre – celles et ceux qui n'ont pas eu leur chance. Or la chance ne vous sourit pas longtemps si l'on ne travaille pas d'arrache-pied, et avec le respect des autres, pour s'en montrer digne.

Bien sûr, nous n'avons pas tous les mêmes atouts, mais ceux qui nous ont été donnés – fût-ce la rage de lutter contre les inégalités initiales, de beauté, de santé, de milieu, de moyens – se cultivent comme les arbres de ma Picardie natale, dont les plus malingres donnent parfois les plus beaux fruits. Au cours de mes reportages chez les gens de ma préférence – les gens de tous les jours –, j'ai trouvé, même dans l'adversité la plus envahissante, même dans la peine la plus lourde, des exemples de courage que nous aurions grand intérêt à prendre pour exemple.

Alors, s'il vous plaît, ne rêvez pas d'Édens perdus ou interdits à la lecture de feuilles de chou qui la plupart du temps vous racontent des bobards. « Cultivez votre jardin », comme conseillait Voltaire, sans perdre votre temps à regretter des paradis inaccessibles où se cachent souvent des fruits défendus : ceux qui peuvent faire la perte des gourmands qui les croquent.

Vous admirez les « grands » ? Moi aussi. Et pas une seconde je ne pense en faire partie. Les grands, ce sont ceux qui font avancer le bonheur de l'humanité par leurs découvertes, par leurs créations artistiques, leurs progrès médicaux, leurs avancées sociales. Et ces vrais grands-là, ne vous y trompez pas, relèvent, en matière d'éthique, de cette évidence proclamée par un sage du temps passé : « Les très grands hommes sont calmes, silencieux et... inconnus. »

Jean-Pierre PERNAUT

– I –

L'ÉTÉ MEURTRIER

Août 2005. Comme tous les matins de tous les étés depuis de nombreuses années, j'achète chez ma boulangère habituelle une baguette et une part de tarte tropézienne pour le petit déjeuner. Puis je me dirige vers ma marchande de journaux. Une vieille connaissance. Normal, un journaliste, même en vacances, doit rester informé. J'adore cette promenade quotidienne, dans ce coin de la Côte d'Azur près du Lavandou. Je la fais souvent en short, pas rasé, heureux de ces instants banals, rassurants, chaleureux.

Mais cet été, les matins n'ont pas la même saveur. Tout semble différent. Je sens de l'électricité dans l'air autour de moi, à chaque pas que je fais dans la paisible station balnéaire.

À la maison de la presse, ma vendeuse préférée, en me voyant, prend un air désolé, presque triste :

– Il y en a encore trois, aujourd'hui. Même un journal suisse s'y est mis...

Je réponds un discret « merci », accompagné d'un hochement de tête. La rage au cœur, je prends les magazines en question, puis mes journaux habituels, je paye, et entreprends de sortir de la petite boutique pleine de monde à cette heure. Sur le pas de la porte, je suis bousculé par un homme apparemment pressé, les mêmes feuilles de chou que celles que je viens de me procurer sous le bras, remplies des mêmes stupidités. J'ai le temps d'apercevoir un gros titre : « *Jean-Pierre Pernaut, l'homme brisé* ».

Sur le chemin du retour, des dizaines de personnes me croisent. Certaines évitent mon regard, d'autres me scrutent avec curiosité, ou compassion, ou que sais-je encore... Depuis plusieurs semaines, tous ces gens ont acheté les journaux à scandale, comme le client de la boutique qui m'a bousculé tout à l'heure. Comme tant de cadres qui n'osent pas, durant l'année, s'attarder sur ce genre de torchon à leur kiosque habituel, de peur d'être jugés, mais qui, une fois en vacances et libérés du qu'en-dira-t-on, se ruent sur les potins. Et ils sont repartis avec ma prétendue vie privée sous le bras, un roman de mauvaise facture, un feuilleton assassin écrit dans un seul but : vendre du papier...

Et là, dans ces rues ensoleillées qui d'habitude me procurent tant de bonheur, j'ai l'impression d'avoir été déshabillé et de déambuler nu, le corps tatoué de mensonges fabriqués par des déboiseurs de forêts sans scrupule. C'est tellement désagréable que j'ai hâte de regagner ma maison au plus vite. Pourtant, à un croisement de rues, je sens une main se poser sur mon épaule. Je suis surpris par ce geste, ainsi que par la voix qui résonne à mon oreille, sans même que je puisse identifier le visage de cet homme :

– Courage, Jean-Pierre, on est tous avec toi !

Le passant a déjà disparu et je demeure une seconde sur place, troublé, avant de presser le pas.

Enfin, j'atteins mon refuge. Je pose les paquets sur la table, et tout de suite, me plonge dans la « lecture ». À vrai dire, j'effleure les mots. Les photos, surtout, me frappent. Nathalie, ma compagne et la mère de mes deux petits, l'air boudeur en maillot de bain sur la plage – encore un exploit de paparazzi. Un peu plus loin, moi en gros plan, l'air grave. Je reconnais ce cliché : il a été pris, il y a quelques années, lors de ma remise de médaille de l'ordre du Mérite. Forcément, je ne suis pas en train d'éclater de rire ! Mais où ont-ils déniché ça ? Et le texte, entre les deux images : « *Ils ne se parlent plus* »... Je suis scandalisé. Inventer une fable de cet acabit revient à disposer habilement sur une pleine page des photos volées, trafiquées, détournées. Ces journalistes sont décidément très doués ! Mais qu'ils possèdent la même carte de presse que la mienne ne cesse de me révolter. La même carte de presse que nous, qui nous honorons d'être journalistes et faisons tout pour rester dignes de cet honneur. Nous tous : du plus petit échotier d'un quotidien régional au grand reporter qui parfois risque sa peau pour témoigner de l'actualité. Je dis bien « témoigner », en toute impartialité ou même en donnant honnêtement son point de vue sur les événements : pas en travestissant la vérité dans un patchwork qui joue sur la crédulité du lecteur, sans craindre de causer du tort, voire de faire du mal, aux « vedettes » piégées.

Soucieux, j'appelle Nathalie, qui passe quelques jours avec les enfants dans un appartement de location près de chez ses parents, à Menton. Comme beaucoup de couples, nous prenons chaque année une quinzaine chacun de son côté.

– Tu as vu, ce matin ?

– Oui. Mais on ne va pas se pourrir la vie. Ils racontent tous n'importe quoi. Essayons de ne pas y accorder trop d'importance.

– Je sais. Il n'empêche que là, c'est complètement insensé.

Nathalie continue de me rassurer, j'entends sa voix claire, et je finis par relativiser un peu les choses.

Je devrais suivre les conseils de mes proches et ne pas acheter, ne pas lire, prétendre ne rien entendre de ce brouhaha ridicule. Mais je ne peux pas. C'est sans doute idiot, seulement je suis ainsi fait. La politique de l'autruche n'est pas dans mes cordes. Et puis tout de même, il y a de quoi s'énerver...

*

* *

L'été 2005, c'est l'absurde qui percute ma vie. Le moment où je me retrouve, du jour au lendemain, prisonnier d'un piège dans lequel on m'a précipité la tête la première, avec mes proches. Pourquoi un tel cauchemar ? Comment cela a-t-il commencé ?

Par une rumeur. Mystérieusement née d'une émission de téléréalité, « La Ferme Célébrités ».

Principe de l'émission : quatorze candidats (sept femmes et sept hommes), tous des « célébrités » – disons presque tous des gens connus, à divers titres –, passent deux mois et demi dans une ferme spécialement construite pour l'occasion, sans eau courante et sans aucun confort. Chaque semaine, les célébrités proposent au public l'élimination de deux candidats.

Au début, je n'étais pas très chaud pour la participation de Nathalie. D'une part parce que je ne suis pas un fanatique de la téléréalité ; d'autre part, nos deux enfants, Lou et Tom, étaient encore très petits (respectivement un an et demi et deux ans et demi). Le temps n'allait-il pas leur sembler long sans leur maman ? Sans doute, et Nathalie s'inquiétait aussi de cette séparation. Mais en même temps, elle se disait qu'une chance comme celle qu'on lui proposait ne se présenterait pas deux fois pour l'association dont elle s'occupe, Ti'toine.

Cette association a été fondée après le décès du jeune Antoine, seize ans, mort de leucémie. Sa maman, Sylvie Jeuffroy, se bat pour obtenir plus de dons de plaquettes, de sang et de moelle osseuse afin de sauver les enfants et adultes atteints de cette maladie. Elle aide aussi la recherche. Ces problèmes concernent profondément

Nathalie. Atteinte de ce type de cancer en 1998, elle est sortie victorieuse de son combat, après des mois de lutte acharnée. Aussi, en 2003, ma compagne a-t-elle mis sa vitalité retrouvée au service de l'association Ti'toine, dont elle est devenue la marraine, juste après avoir témoigné, dans un livre, de son expérience et des espoirs que ménageait la vie[1].

Alors, avant d'exprimer mon avis de manière définitive, j'ai pensé à Nathalie, à son courage, au choix qu'elle avait fait de ne pas se faire greffer de moelle osseuse pour pouvoir un jour porter nos enfants[2], à la sortie de son deuxième livre *Le Cancer en face*[3], et au réconfort que pourrait apporter aux malades le fait de voir à la télévision qu'on peut s'en sortir de façon si éclatante...

Enfin, argument massue : à raison de dix mille euros par semaine, nous avons calculé que si Nathalie restait neuf semaines, Ti'toine récolterait pour la recherche médicale plus d'argent qu'en dix ans de travail de ses membres... J'avoue que cela m'a fait réfléchir. J'admire profondément l'engagement et la ténacité de Nathalie : je me rends à ses raisons.

Large sourire de ma compagne...

---

1. *Ma bonne étoile*, Éditions Michel Lafon, 2003.

2. Elle encourait un risque, mais elle avait le choix. Certains, hélas, ne l'ont pas.

3. Éditions Michel Lafon, 2005.

La décision prise, nous nous organisons pour que jamais Lou et Tom n'aient à souffrir de notre décision. Leur nounou continue de les garder comme elle l'a toujours fait, et moi, je rentre tous les après-midi, travaillant à la maison si nécessaire, m'occupant d'eux un maximum le reste du temps. Je laisse mon côté « papa poule » prendre le dessus. De plus, je m'abonne vingt-quatre heures sur vingt-quatre à « La Ferme Célébrités ». Chaque soir, une scène touchante : nos deux bambins embrassent l'écran à pleine bouche pour dire « bonsoir maman » ! Une maman à qui ils peuvent quand même parler quelques instants, presque quotidiennement, au téléphone.

Au milieu du jeu, stupeur. Je passe quelques jours de vacances au Lavandou. Le directeur de la communication de TF1 m'appelle au petit matin :

– As-tu vu *Ici Paris* ? Ils lancent une rumeur sur une liaison entre Nathalie et Daniel !

Je me précipite à la librairie voisine...

Dans le n° 3128 du 14 juin 2005, à la une – je l'ai conservée comme la preuve que tout cela a bel et bien commencé un jour –, je découvre : « *Pendant que Jean-Pierre pouponne* (...) *Nathalie Marquay et Daniel Ducruet* (...) *Exclusif* (...) *Une tendre complicité* ».

J'hallucine : je viens de parler à Nathalie, dont le souci principal a été de me demander pour la énième fois :

– Jean-Pierre, est-ce qu'ils diffusent bien, dans l'émission, tout ce que je dis sur l'association ?

Et moi, conciliant parce que je ne veux pas lui faire de peine – ses speechs sur Ti'toine sont presque toujours coupés à l'antenne, c'est-à-dire non diffusés –, je lui ai répondu :

– Euh, pas trop, mais quand même un peu...

J'hallucine, donc, et me perds en conjectures : qui a intérêt à ce qu'une telle rumeur se propage ? Comment répondre à cette fable bizarre ? Je crains plus que tout que d'autres magazines s'y mettent également et j'appelle aussitôt Nathalie à Visan. La production de l'émission accepte que je lui parle. Nathalie tombe des nues ! Je lui conseille de répondre et de démentir à l'antenne. Les responsables de « La Ferme », eux aussi, lui suggèrent avec insistance d'adopter cette attitude et le soir même, en direct, Nathalie laisse exploser sa colère.

– Tout ça n'est qu'un tissu de mensonges écœurants. Je suis là pour mon association, je me bats pour Ti'toine et j'aime mes enfants et mon mari !

Le message de Nathalie va être abondamment exploité dans l'émission, devenant ainsi un élément du programme, repris au *prime time* du vendredi soir ! Peu de temps auparavant, Jordy et Joanna ont fait l'objet des mêmes suspicions « télégéniques ». Quelques images par-ci, quelques plans romantiques par-là, on aurait pu imaginer qu'il se passait quelque chose entre l'adolescent de dix-sept ans et le joli mannequin de vingt-huit. Curieusement, les téléspectateurs retrouveront en finale ces deux « couples ». Je m'interroge encore sur ce hasard...

Mais en sortant de l'émission, mal conseillée, ma compagne donne une interview au journal *Closer* – le dernier-né, en France, de la presse people –, qui vient de se créer. « *J'ai besoin de retrouver Jean-Pierre* », déclare-t-elle.

Vous me direz : pourquoi « mal conseillée » ? Il n'y a aucun mal à mettre les choses au clair ! C'est en effet ce que nous pensions, ignorant qu'une certaine presse ne lâche pas ainsi la poule aux œufs d'or. Nathalie prétend être heureuse de retrouver sa famille ? On va voir ce que l'on va voir...

Nous, pendant que les fabricants de scandale affûtent leurs couteaux, nous faisons la fête à la maison, heureux d'être à nouveau réunis, oublieux des bruits qui ont couru et qui relèvent déjà, pour nous, de l'histoire ancienne. Forts de ce bonheur tranquille, et fortement poussés par TF1 qui veut sans doute, elle aussi, conclure cette histoire ridicule, nous acceptons de poser pour *VSD*, dans notre maison de vacances, près de la piscine. Interview tous les deux. La finaliste de « La Ferme » a retrouvé sa petite famille. L'article paraît le 14 juillet. Tout est rentré dans l'ordre, pensons-nous, ignorant les pratiques des chasseurs de sensationnel. Certes, dans le passé, il nous est déjà souvent arrivé d'avoir maille à partir avec des paparazzi, de nous sentir épiés ou de voir des photos volées en une de magazines. Mais ni Nathalie ni moi ne nous attendons à vivre une histoire digne des romans de Kafka. Une farce ubuesque. Car un déchaînement médiatique odieux nous attend...

*
* *

Jeudi 4 août. Ma compagne vient donc de partir avec les enfants passer quelques jours à Menton, près de ses parents. Comme chaque année. Elle n'apprécie pas trop le ski nautique. Moi, si ! Je sais que je vais profiter de son séjour pour m'y adonner avec mon fils aîné Olivier, dans ma maison d'été près du Lavandou. Là encore, comme chaque année...

En fin d'après-midi, le téléphone retentit.

– Allô ?

Je reconnais la voix de Rika Zaraï, notre amie commune, qui admire le combat de Nathalie contre le cancer. Je sens à son ton que quelque chose ne va pas.

– Jean-Pierre, as-tu lu *Télé 7 jours* ?

– Non. Je m'éclate au ski nautique, je n'ai pas le temps !

– J'y suis abonnée et je viens de le recevoir avant sa parution en kiosque. Je n'ose même pas te raconter ce qu'il y a dedans. C'est épouvantable !

Plus Rika me décrit ce qu'elle a sous les yeux, plus je suis stupéfait. Le titre, d'abord : « *Nathalie Marquay : son "incroyable fiancé", Daniel Ducruet.* » Les photos, ensuite : volées sur la plage du Cap-d'Ail. Nathalie et notre fille Lou, en compagnie de l'ex-mari de la princesse Stéphanie de Monaco. Enfin, les interprétations fallacieuses, à partir de photos soigneusement choisies parmi les centaines de clichés pris en rafales[1] : « *Les regards sont complices, les gestes tendres... main dans la main, ils ont pleinement profité de ces instants privilégiés sur la Côte d'Azur.* »

J'ai rencontré Daniel Ducruet deux fois, rapidement, lors de mes incursions à « La Ferme ». Nathalie m'a dit son amitié pour lui, et m'a raconté qu'il lui avait présenté sa mère, un après-midi de plage, alors qu'elle passait par le Cap-d'Ail. Apparemment, un paparazzi très bien informé en a profité pour prendre des photos et les vendre à *Télé 7 jours*, et à partir de là, tout un roman est né...

Mais je ne suis pas au bout de mes peines. Rika continue, de plus en plus gênée... Il y a de quoi : dans son éditorial, le patron de *Télé 7 jours* n'hésite pas à traiter ma compagne de « *midinette éblouie dégoulinant d'huile à bronzer* » !

La moutarde me monte au nez. Énervé, j'interromps mon interlocutrice :

– Comment peut-on écrire de telles horreurs ?

Et j'ajoute :

– C'est insensé ! Je n'avais jamais vu *Télé 7 jours* publier des choses pareilles.

À l'autre bout du fil, j'entends un soupir...

– Moi non plus, répond mon amie, je voulais simplement te prévenir.

---

1. Procédé utilisé par les photographes, consistant à prendre une photo toutes les secondes grâce à un appareil spécialement réglé, équipé d'un moteur.

Après avoir remercié Rika, je raccroche, très troublé. Quelle ignominie ! Ma surprise est aussi totale que ma naïveté car je n'ai encore aucune idée de ce qui va nous tomber dessus à la suite de cet article.

Trois jours plus tard, *Closer*, le petit nouveau de la presse à scandale, entre dans la danse, avec la ferme intention de la mener. Lundi 8 août, dans son n° 8, je peux lire, sous la plume de la rédactrice en chef : *« Nathalie Marquay et Jean-Pierre Pernaut se séparent* (...). Closer *vous raconte en exclusivité leur rupture.* » Absurde ! « *Elle vient de louer un appartement sur la Côte d'Azur.* » Vrai, mais pas pour me quitter ! Pour s'installer, tout simplement, avec les enfants, près de ses parents, pendant ses deux semaines de vacances « en solo » habituelles. *« JPP est remonté à Paris. Dévasté.* » Je dois avoir le don d'ubiquité, car devant moi, j'aperçois la grande bleue et pas la tour Eiffel. Ou alors, c'est que la France est sens dessus dessous, ce qui est possible, après tout, puisqu'il suffirait d'inventer une histoire, d'écrire des textes, puis de faire les photos qui vont avec pour inventer les bobards les plus fous.

Quoi qu'il en soit, la rumeur est bel et bien reprise par *Closer*. Comme dans *Télé 7 jours*, des photos volées sur cette fameuse plage du Cap-d'Ail s'étalent, cette fois-ci datées du 24 juillet. Je découvre avec stupéfaction, encore, que des paparazzi se trouvaient précisément là où Nathalie, loin d'avoir annoncé sa venue, était passée à l'improviste avant de rendre visite à sa famille. Quel hasard ! Je me demande qui a intérêt à avoir prévenu les voleurs d'images...

Toujours dans ce n° 8, je remarque la mention spéciale « *Scoop* » en gras. Ainsi, nous serions séparés ? Bravo pour le scoop ! Ainsi, je serais « *remonté à Paris (...) dévasté (...) effondré, brisé, démoli* ». Il est vrai que, le lundi en question, je ne suis pas sorti en ski nautique, car il y avait trop de vent malgré un temps superbe...

Et ça continue ! Une véritable avalanche de titres s'abat sur nous. Chacun y va de sa version différente ou contradictoire, mais toujours aussi fantaisiste. Quoi qu'il en soit, tout le monde s'accorde pour me voir partout, sauf au Lavandou. Or je n'en ai pratiquement pas bougé. Mais dans la presse, qu'est-ce que je voyage ! Cela devient un vrai feuilleton à l'intérieur du feuilleton...

Voici, n° 926, également daté du 8 août. Énorme titre : « *Il ne méritait pas ça.* » Notez, à première vue, ça paraît plutôt gentil pour moi. Et c'est bien le vice de ce genre d'article. Car enfin cela confirme implicitement que je suis un pauvre gars trompé, que ma compagne est une traînée, que Ducruet est un salaud, et que tout cela est *vrai*, puisque « c'est écrit dans le journal » ! Comme est vrai, à coup sûr, le fait que, « *profondément affecté* », je me serais « *réfugié dans (mon) immense maison de famille située à Quevauvillers, un charmant village de la Somme* ». De mieux en mieux... encore plus fort que *Closer* ! Je ne possède pas de maison dans le village de mon enfance, Quevauvillers, cela fait belle lurette que ma mère l'a vendue. En revanche, j'en ai une ailleurs en Picardie, mais elle n'est pas « immense » et surtout, cela fait des mois que je n'y ai pas mis les pieds. Donc, me voilà dans la Somme... Qui a pu inventer ça ? Mystère.

La semaine suivante, le même magazine (n° 927 du 15 août) corrige son tir : non, je ne suis pas à Quevauvillers, mais quand même en Picardie. Le gros titre, *« La France est avec toi, Jean-Pierre ! »* s'étale sur deux pages en caractères gigantesques, chapeautant un article insensé, une enquête autour du village où niche effectivement ma petite bicoque. Interview de la boulangère et de la coiffeuse, qui n'ont rien à dire puisqu'elles ne m'ont pas vu depuis près d'un an. Qu'importe, *Voici* met leur silence sur le compte d'une « *version officielle* ». Très fort ! Mais d'autres personnes, non citées (bien sûr, elles ne peuvent pas exister !), se hâtent de déclarer au magazine qu'« *on* » m'a vu « *il n'y a pas longtemps* ». Et de conclure : « *Jean-Pierre est sans doute à deux pas* »... Le tout agrémenté de quelques photos du village, de l'église et surtout, d'une vache avec cette légende historique : « *Ici, même les vaches refusent de témoigner.* » Vive le journalisme !

Par contre, pour *Ici Paris* n° 3136 du 9 août, je suis bel et bien dans la capitale : « *Il s'est résolu à fermer la belle maison du Lavandou pour rentrer à Paris (...). Début août, on l'a vu dîner seul, le visage fermé, le regard absent, dans un restaurant de la porte d'Auteuil.* » Diable ! Et dire que je n'ai aucun souvenir d'avoir fait une chose pareille... Mais la photo qui fait la une du magazine semble bien avoir été prise sur la terrasse de ma maison du Midi.

Pourtant *Closer* confirme, le 15 août (n° 9) : « *À Paris, il y a un homme effondré, Jean-Pierre Pernaut, qui digère sa rupture* ». Allons bon ! Les paris sont ouverts : la capitale, la Picardie ou la Côte d'Azur ?

Il semblerait que la thèse parisienne l'emporte avec *VSD* n° 1460 du 17 août, où je peux lire sur la une « *Jean-Pierre Pernaut face à la crise* », et, dans le texte : « *Dévasté par le déchaînement des médias sur son couple, il prépare sa rentrée sur TF1.* » En faisant du bateau ? Et *VSD* d'ajouter son grain de sel, histoire de noyer le poisson : « *Il pourrait faire une petite descente dans le Midi afin d'avoir un entretien en tête à tête avec sa compagne.* » On ne sait jamais, au cas où je réapparaîtrais dans le Sud...

Tout à coup, retournement de situation, *Ici Paris* n° 3077 du 19 août proclame à la une : « *Jean-Pierre Pernaut. Son déchirant appel au secours !* » Et en légende d'une photo d'archives sous la pluie... « *C'est un JPP bien maussade que l'on a pu croiser en Picardie.* » Où suis-je en réalité ? Je commence à me le demander moi-même. Quant à mon *déchirant appel*, je ne sais pas d'où il a pu être entendu, ni par qui, car depuis le début de cette histoire abracadabrante, je me suis imposé un silence absolu. Pas une seule interview. Rien à dire : tout cela n'a aucun sens.

Excédée, Nathalie décide de son côté de donner une interview à *Paris Match*, en compagnie de son pote de « La Ferme », pour essayer d'endiguer ce déferlement. Après tout, sa mise au point avait relativement bien réussi lors du jeu télévisé, alors pourquoi pas maintenant ? « *Jeter la rumeur aux orties* », titre le magazine. Malheureusement, lui aussi s'y met : me voilà près de ma piscine, dans mon jardin, image volée par un paparazzi. Le choc des photos ! Je me croyais tranquille chez moi, eh bien non...

Cette atmosphère commence à me peser sérieusement. Comme si derrière mon ombre même se planquait une armée de photographes en quête d'euros faciles. Nous en parlons avec Nathalie. Faut-il ou non que nous refassions des photos ensemble pour calmer cette folle rumeur ? En fait, nous n'avons qu'une seule envie : nous faire tout petits, le plus discrets possible, ne pas sortir, ne pas être reconnus. Qu'on nous oublie un peu...

Rien à faire. Les journaux à sensation, eux, ne sont pas en vacances et le prouvent en paraissant chaque jour de la semaine. J'en suis venu à les connaître par cœur. Je me mets à redouter les lundis matin, jour de parution de *Voici*, *Closer* et *Public*. Et les autres jours ne sont pas plus doux : mardi, *Ici Paris* ; mercredi, *Gala* et *VSD* ; jeudi, *Paris Match* ; vendredi *France Dimanche* et samedi *Télé 7 jours*. Pas de repos pour ces braves ! Ils ont beau me passer de la pommade, chaque fois que je lis une horreur sur Nathalie, c'est comme si l'on me poignardait...

Le 22 août, dans le n° 10 de *Closer*, j'apprends enfin la date à laquelle je suis censé être rentré à Paris : « *le 17 août.* » En revanche, beaucoup plus extravagant, je serais « *passé à TF1* » et j'aurais mis élégamment ma carrière sur la sellette : « *Il confie à la direction de TF1 que si toute cette histoire gêne la chaîne, il est prêt à démissionner.* »

Bigre ! Encore un scoop de premier ordre... D'ailleurs je ne serais pas seulement « prêt » à démissionner, j'aurais carrément « *proposé ma démission* ». Là encore, quelle nouvelle ! Il est vrai que dans le même numéro, on me montre en première page à côté d'une photo volée de Nathalie faisant la bise à son pote. « *Le baiser qui lui fait mal.* » J'ai envie de répondre : « Oui, ça me fait mal, mais pas là où vous pensez... » Ça me fait mal au métier, de voir ces scribouillards se cacher derrière la sacro-sainte liberté de la presse pour publier leurs élucubrations et leurs montages photos délirants. Mal à ma famille, aussi, qui s'inquiète de toutes ces parutions. Et quand je dis famille, je parle d'une véritable tribu, sans parler de ma mère qui a plus de quatre-vingt-dix ans...

Je suis obligé de les rassurer, de leur expliquer à tous, par exemple, comment on prend une photo de « baiser ». C'est très facile. Quand on embrasse quelqu'un, il y a toujours un moment où, pour aller d'une joue à l'autre, on passe devant la bouche. Clic ! Clac ! Il suffit alors de choisir le bon cliché, pris de dos, forcément, et le tour est joué. Ou encore, pour montrer deux personnes prétendument main dans la main, on attend qu'elles se touchent, ou se tapent dans la main, comme souvent quand on rigole entre potes, et là aussi, la cause est entendue. La prise de vue en rafales offre toutes sortes de possibilités, ce sont là de vieux trucs de paparazzi, bien connus...

Tous les jours, Nathalie ou moi sommes en couverture soit d'un quotidien, soit d'un magazine. Même en

Suisse, « l'affaire » défraye la chronique, avec ce titre « *Elle humilie Pernaut* ». Le *Times* s'en alarme également, et s'étonne d'un tel déchaînement médiatique en France. Voilà que les Anglais s'y intéressent ! *Marianne* enquête, transformant Nathalie en femme machiavélique, alors qu'elle s'est contentée d'aller quatre fois à la plage, ce qui est le moindre de ses droits, et d'y rencontrer un copain de « La Ferme », à qui elle n'a aucune raison de faire la gueule. Mais on n'arrête pas les extravagances de l'imagination quand il s'agit non d'informer, mais de faire croire qu'on pénètre dans l'intimité des « stars ».

Pourtant, à un certain moment, tous ces rapaces n'arrivent plus à alimenter leurs colonnes. Alors on se lance dans les sondages. Quand je découvre celui d'*Ici Paris* n° 3139 du 30 août, je tombe de haut – si c'est encore possible – en voyant la question : « *Qui préférez-vous ?* » qui oppose Nathalie, Daniel Ducruet et moi. Je recueille 83 % des suffrages. Sans doute pense-t-on me faire plaisir...

En plein cœur de la campagne, j'aurai même droit à un coup de fil surréaliste d'un grand magazine :

– Monsieur Pernaut, accepteriez-vous de parler à notre rédacteur en chef pendant une dizaine de minutes ?

– Il n'en est pas question !

– Même pour soixante-dix mille euros ?

– Pour combien ?

– Soixante-dix mille euros.

– Il n'en est doublement pas question !

Et je raccroche. Ahuri. Choqué. Comment est-ce possible, autant d'argent ? Pour dix minutes au téléphone ! Cela laisse imaginer les profits, les millions d'euros gagnés par ces vendeurs de papier... Je me souviendrai de cette proposition, au moment de payer mes impôts, avec une nostalgie passagère, vite dissipée par la satisfaction de n'avoir pas hésité une seconde à refuser.

Au fil de cet été, je passe par tous les états. La rage l'emporte souvent. L'impression d'être pris dans un engrenage infernal. Et les questions qui ne manquent pas de se poser : Comment réagir ? Me montrer ou non ? Continuer telle activité qui me fait plaisir, mais m'expose ? Et, dans un autre registre : pourquoi ne montre-t-on pas Nathalie sur une autre plage, qu'elle fréquente plus souvent, à Menton, et d'ailleurs avec un autre « fermier », Jerry de La Vega, en vacances au même endroit ? Sur les photos volées au Cap-d'Ail, pourquoi ne voit-on jamais les enfants de Daniel Ducruet alors qu'on n'épargne pas les nôtres ? Comment font les paparazzi pour déjouer les gardes du corps de la princesse Stéphanie qui, depuis des années, leur interdisent de prendre des photos sur cet endroit ultraprotégé ? Qui leur a dit que Nathalie serait là le premier jour où elle est venue ?

Vient ensuite la question la plus importante, celle que nous nous posons sans cesse : pourquoi essaie-t-on de nous briser ? Car je peux le dire, ce déchaînement est « brisant ». Épuisant mentalement. Terrible sentimentalement. Comment rester serein devant cette bouffonnerie et l'inquiétude de nos proches ? Comment ne pas craquer devant tant de pression ? Devant cet infâme tas de journaux, devant cette surenchère, cette course folle aux lecteurs, ou plutôt au fric, comment supporter le regard des autres, de la famille, des amis, des inconnus ?

Fin août, les vacances se terminent mais le cirque continue.

Closer donne toujours dans la dentelle. Le n° 11 du 29 août m'apprend comment se sont passées les retrouvailles : « *Dès le retour de Nathalie, une conversation de crise a démarré. La discussion tendue a duré jusqu'au petit matin. (...) La nuit du lundi a été encore plus houleuse et intense en tractations.* » Mon Dieu ! Si *Closer* avait truffé la maison de micros, quelle aurait été la déception de tous en constatant que nous dormions d'un sommeil de plomb, épuisés par toutes ces péripéties... Mais ce genre de vérité ne fait pas recette dans ce style de journal. Alors les journalistes se transforment en romanciers, voulant en outre faire croire qu'ils sont dans la confidence...

D'ailleurs, je m'aperçois une fois de plus à quel point tout le monde copie tout le monde, puisque dans le n° 1463 du 7 septembre, *VSD* reprend presque mot pour mot la phrase du *Closer* du 29 août : « *Dans leur propriété de Louveciennes, les retrouvailles ont enfin lieu. L'ambiance est tendue, la discussion animée. Elle durera jusqu'au petit matin.* » Il est vrai que la une est différente de celle du concurrent : « *Il se bat pour sauver sa famille* ». Sans commentaire.

VSD n'est du reste pas le seul à manier la photocopieuse. Dans *Gala* n° 639 du 7 septembre, je lirai un peu plus tard : « *Il aurait proposé sa démission du conseil d'administration de TF1.* » Mais cette fois pour dénoncer, selon le journal, « *les manipulations subies par Nathalie* » dans « La Ferme ».

À la fin de l'été, certains magazines trash doivent manquer d'idées. Je me fais cette réflexion en découvrant une « analyse de texte » très fouillée de *Télé 7 jours* qui, au lendemain du 22 août, décrypte chaque mot que j'ai prononcé le jour de ma reprise du 13 heures. Tout ce que j'ai dit – ou pas dit – durant le journal télévisé devient un signe de mon humeur profonde. Une fois de plus, étonnement. Tant d'ingéniosité dépensée pour des âneries...

*

* *

Septembre. Nous sommes de retour à Paris depuis quelques jours, on pourrait penser que l'été meurtrier s'achève. Il n'en est rien. Les paparazzi ne nous lâchent toujours pas. En particulier Nathalie, cible plus « intéressante » que moi, vu mes habitudes de travail régulières à TF1 : de 8 heures à 18 h 30, je ne quitte quasiment pas les lieux, sauf pour un déjeuner occasionnel. Ils en sont pour leurs frais. Mais ma compagne, c'est autre chose. Elle est toujours autant traquée, suivie, poursuivie dans tous ses déplacements de la vie quotidienne.

... Jusqu'à la rentrée des classes de notre fille ! Sa première maternelle. Un temps fort, tendre et intime. Lou est si sage, si contente, si fière... Sa mère et moi, émus – heureux que notre bout de chou nous ait regardés partir sans pleurer, déjà occupée par son nouvel environnement –, nous sortons de la petite école et nous nous apprêtons à reprendre nos voitures respectives. Nathalie pour rentrer à la maison et moi pour aller à TF1. Tout à coup nous apercevons un photographe, juste devant l'entrée de l'école, un peu en retrait, posté sur un muret. C'est clair, il vient de nous mitrailler. À peine l'avons-nous vu qu'il se défile habilement entre les voitures, nombreuses en ce jour spécial... Même un moment comme ça ne nous appartient plus ! J'entre dans une colère noire. Nathalie est livide.

Et je craque ! Trop c'est trop. Je voudrais leur clore le bec. Ne plus avoir à les supporter, pas une seconde de plus. Naïvement, je décide deux choses : appeler mon éditeur pour lui demander d'ajouter un chapitre sur ce cauchemar au livre prévu pour mes vingt ans de 13 heures au début de 2006, afin de remettre les pendules à l'heure et, d'autre part, cesser de me cacher. Nathalie et moi sommes invités à un show automobile dans le parc de Saint-Cloud : nous décidons de nous y rendre. Ce show est organisé au profit d'une association (Mécénat chirurgie cardiaque), par une bande d'amis qui ne s'attendent certainement pas à voir débarquer la cinquantaine de photographes présents ce jour-là...

Je me rends compte aussitôt que tout ce que je pourrai faire ne changera rien au problème. En ce qui concerne le show automobile, par exemple, alors que nous n'avons pas dit un seul mot aux journalistes présents, chaque journal y va de son interprétation. Pour les uns ce sont enfin les « retrouvailles », pour d'autres ce n'est qu'une parade. Il faut bien continuer le feuilleton de l'été... *Closer* (n° 14 du 19 septembre) déclare que « *officiellement, ça va mieux (...) en réalité, ils se parlent à peine* ». Ce « *en réalité* », je le trouve extraordinaire ! Qu'en savent-ils ? Dire que certains lecteurs y croient... Et *Closer* de montrer des photos volées de Nathalie faisant ses courses à Paris avec cette mention : « *Pour Nathalie, une vie de célibataire.* » Comme si le fait de se rendre seule dans les magasins impliquait obligatoirement le célibat. À ce compte-là, personne n'oserait plus faire ses courses !

Je supporte néanmoins les parutions de la semaine en me disant que ce sont les dernières. Mais les tabloïds guettent. Ma compagne me raconte, un soir, le coup de fil qu'elle a reçu d'une rédaction à la fin du mois d'août.

– Je ne désire pas donner d'interview, a-t-elle répliqué.

Et pendant dix minutes, elle leur a expliqué qu'elle ne voulait vraiment pas leur parler, qu'elle en avait assez, qu'elle avait envie qu'on lui fiche la paix et que toutes ces histoires étaient absurdes. Commentaires à l'appui, histoire de les convaincre...

Je ne peux m'empêcher de sourire de son ingénuité. Je lance, attendri :

– Mais tu la leur as donnée, leur interview !

Elle ne s'en était pas rendu compte...

Cela finira-t-il jamais ? En octobre une autre couverture ordurière paraît. Et d'autres encore à l'occasion de nos vacances à Djerba, en Tunisie... Et toujours le même système : des photos de paparazzi pour accréditer des légendes ridicules ou odieuses.

Ainsi, rejoints par ces encombrants personnages le troisième jour de notre séjour en Tunisie dont nous n'avions pourtant parlé à personne, nous vivons presque en état de siège, Nathalie, les enfants et moi. Adieu les vacances tranquilles ! Adieu les excursions en famille et les délices des petits déjeuner sur un balcon récemment mitraillé. Perdu, le goût des balades en jet-ski. Marre des calomnies, des affabulations, des paparazzi.

Avec une nuance, cependant, concernant les paparazzi... Autrefois, je les détestais. Je les appelais « les rats ». Mais cet été, j'ai pris la mesure de l'industrie très spéciale des journaux pour lesquels ils travaillent, et j'ai compris qu'ils n'étaient que les rouages d'un système où les commanditaires choisissent leurs proies. Eux ne font que leur boulot, payé outrageusement cher, avec un certain nombre de risques et surtout un mépris total de l'être humain, mais il y a surtout des gens sans scrupules qui achètent leurs clichés, et les publient !

Voilà qui a donné, en huit semaines, soixante-six couvertures de journaux et magazines. Du jamais vu ! C'est l'affaire de l'été. Comme s'il n'y avait pas plus important à la veille d'une rentrée qui se révélera difficile. Un véritable harcèlement, au point que *L'Express* du 22 août 2005 (n° 1722) a titré un de ses articles « La cible Pernaut ». Sous la plume de Renaud Revel, cet hebdomadaire fustige la surenchère de ce qui est devenu un « psychodrame médiatique », parle de légendes de photos « indignes » et démontre que derrière tout ce tintamarre se cache en réalité une véritable guerre économique entre les magazines people. J'y reviendrai...

À la rentrée, je continue de me taire mais je réagis. Devant de telles pratiques, une seule arme : le papier bleu. J'entame avec Nathalie quarante-deux procédures judiciaires. Question de principe : je ne peux pas « faire comme si » cet été meurtrier n'avait pas existé, on nous a fait trop de mal.

Tout ça parce que Nathalie a été Miss France et que je suis un présentateur connu, quelqu'un qui s'invite tous les jours, à 13 heures, à la table de sept à huit millions de Français. Depuis dix-huit ans. Pensez, une audience pareille ! Une vraie aubaine. Cependant, quelle que soit ma notoriété, quelle que soit la « rançon de la gloire » comme disent certains, je pense que je n'ai pas mérité ça. Et Nathalie non plus.

Car nous sommes d'un naturel discret. Nous avons horreur des mondanités. Nous aimons nos familles, notre jardin, ma ville d'Amiens, le Pays basque, le golf et par-dessus tout j'aime mon métier ! Mes valeurs n'ont rien à voir avec le goût des ragots. Et surtout, je n'ai vraiment pas été élevé ainsi.

Là d'où je viens, la vie est bien plus simple...

– II –

RACINES

Je devrais peut-être commencer par ma naissance, le 8 avril 1950 à Amiens, un jour de neige. Et continuer en évoquant quelque souvenir lointain d'un grand-père chenu me tenant par la main. Mais je préfère une autre image : celle d'un petit garçon curieux de tout, très vivant, peut-être même un peu trop remuant – en tout cas très actif –, qui se repose quelques minutes, entre deux jeux, le front contre une vitre. Dehors, une route de campagne longe la maison familiale et traverse le village de Quevauvillers, dans la Somme. L'enfant entend le bruit d'une carriole et de son attelage, qui entrent bientôt dans son champ de vision. Un paysan descend de l'antique véhicule, se dirige vers son cheval dont les naseaux envoient de la vapeur à cause du froid, et attache solidement le licou de l'animal à l'anneau de fer placé là tout exprès, arrimé au mur de la maison.

Mes yeux suivent alors l'homme, le perdant de vue un court instant, le temps qu'il pénètre dans notre habitation, qui est aussi la pharmacie de ma mère. La porte de communication entre les deux mondes – celui de l'officine et celui de la maisonnée –, étant ouverte, j'en profite pour observer. L'individu vient chercher le remède qu'il a commandé et que le préparateur de maman, dans la petite pièce dévolue à son travail, est en train d'empaqueter. Est-ce de la pommade ? Une poudre ? Je n'en sais rien.

En revanche, je vois maman (en blouse blanche lorsqu'elle travaille) trotter de son pas de femme menue, brune et toujours en mouvement, vers une échelle dont elle gravit prestement les degrés. Elle s'empare d'un des pots de pharmacie qu'elle affectionne tant, et en retire une substance à l'odeur forte, qui se mélange à celle de l'éther, toujours présente. Les effluves parviennent jusqu'à moi.

Maman se tient maintenant debout juste derrière le comptoir de Formica. Elle entame avec son client un dialogue que je n'entends pas mais que je devine. Ces sonorités, j'y suis habitué : le ton un peu bourru et respectueux du paysan, et celui de son interlocutrice, plein d'intérêt, de compassion, à l'écoute, tourné vers les autres. Et pour peu que l'homme soit en difficulté financière et le fasse savoir, je sais bien, pour en avoir souvent été le témoin, que maman lui dira :

– Vous paierez quand vous pourrez... ou vous m'apporterez une poule dimanche !

Une idée de sa fonction « à l'ancienne », qui lui a valu bien des amitiés dans le pays.

Tout à l'heure, les copains invités pour ce jeudi vont arriver. Nous allons commencer par regarder des extraits de films pour enfants qui nous ravissent, et aussi Rintintin et son chien Rusty. Je suis le seul du village, avec le fils du notaire, à posséder cet objet magique : une télévision. Mais je ne reste pas longtemps devant le poste, car je préfère jouer aux cow-boys et aux Indiens dans le grand jardin qui agrémente l'autre côté de la maison, celui qui ne donne pas sur la route. Dans un moment, malgré le froid dont nous nous moquons, nous nous cacherons près du hêtre pourpre qui domine le paysage, ou derrière les bosquets, ou nous nous réfugierons près des deux moutons, des poules et des lapins. Ou alors nous lancerons des bâtons aux chiens, qui nous les rapporteront en remuant la queue. Ou bien encore, nous construirons un bonhomme de neige si le temps se dégrade, pour notre plus grand plaisir.

Quelques années plus tard, mon père, ingénieur, fabriquera un karting pour que mon frère – mon aîné de huit ans – et moi puissions faire dans le parc nos premières armes en sport automobile, la passion de papa.

Ce soir, même s'il gèle, quelqu'un des environs viendra certainement sonner à la porte de la pharmacie, ou composera le « 7 à Quevauvillers » qui retentira dans le bureau de ma mère. Maman, toujours prête, fera son devoir en répondant, ou en recevant les gens et en leur prodiguant son aide.

Telle est cette femme d'engagement, fille d'instituteurs d'un petit village de Picardie, Bouvaincourt-sur-Bresle. Mes grands-parents maternels étaient radicaux-socialistes, athées, mais très amis avec le curé. Ils formaient un couple uni, qui fut tristement séparé par la Grande Guerre. Le père de maman, Georges Pillot, est décédé des suites d'inhalations de gaz dans les tranchées, à Verdun. Je n'ai donc pas connu ce grand-père-là, mais j'ai souvent regardé son portrait, doux sourire et petite moustache bien taillée.

Maman, elle, est restée profondément blessée par cette disparition, et par les guerres qui ont marqué sa vie. Elle m'a souvent raconté les bombardements à Amiens, en 1942 : ils ont provoqué des ravages mais miraculeusement épargné notre belle cathédrale. Elle me décrivait leurs jours et leurs nuits, terrés dans leur cave avec mon frère qui venait de naître. Un jour, une bombe s'est même encastrée dans le soupirail... sans exploser. Les voisins n'ont pas eu cette chance.

Ma mère m'a aussi raconté les histoires des Poilus de la guerre d'avant, celle dont son père était mort. Je l'écoutais, fasciné. Les souffrances des anciens me paraissaient héroïques et forçaient mon respect. J'en déduisais – suivant là une profonde conviction de ma mère – qu'il faut écouter ceux qui ont plus d'expérience que vous, car eux savent. À Bouvaincourt-sur-Bresle, une rue porte toujours le nom de Georges Pillot. Quant à son épouse, Julia, ma grand-mère maternelle, je me souviens d'avoir passé chez elle une année heureuse à apprendre le français, les mathématiques, mais aussi comment faire du beurre, traire les vaches et pêcher à la ligne...

Quoi qu'il en soit maman, fille d'instits, a choisi d'être pharmacienne dans les années d'avant-guerre. Sa présence représentait une exception dans les rangs masculins des futurs diplômés. La guerre terminée et son dernier fils né, maman a quitté Amiens avec famille et bagages pour venir installer son officine à une quinzaine de kilomètres de la ville, à Quevauvillers. Ce petit village sera désormais le seul à la ronde à posséder une pharmacie, dans un périmètre suffisant pour que l'affaire se développe. Et tous les jours, mon père ingénieur effectuera, avec sa Peugeot, l'aller-retour entre son usine d'Amiens et notre maison. Lui aussi aime bien cette campagne, et il comprend le besoin, vital pour sa femme, d'exercer sa propre profession.

Autre souvenir : l'école communale de M. et Mme Gély, où je me rends chaque matin, en blouse grise, traversant le village en empruntant son unique route, boueuse quand il pleut, enneigée en hiver. Notre petit groupe d'élèves disparate est assis devant le maître, ou la maîtresse, son épouse. Tous deux nous dispensent l'éducation traditionnelle de la République d'alors et ses références. Y compris les visites au monument aux morts, le 11 novembre et le 8 mai. Et aussi la politesse !

Témoin ce jour, gravé dans ma mémoire, où j'ai tiré les cheveux de la fille de la coiffeuse dans la cour de récré. Pourquoi ? Je n'en sais plus rien...

À peine ai-je commis ce forfait que la voix de M. Gély tonne :

– Pernaut ! Venez donc me voir !

Mine déconfite, pressentant le désastre, je me dirige sans enthousiasme vers le maître.

– Mettez-vous contre le grillage.

Je m'exécute et reçois... une grande claque ! Stupeur sur le moment, reconnaissance par la suite. J'avais ce jour-là besoin de comprendre les limites à ne pas dépasser, et cette punition, même si l'on critique aujourd'hui ce genre de procédé, m'a paru juste. D'ailleurs, à la réflexion, je me dis que ce ne devait pas être ma première bêtise de la journée...

Pourtant, même si cette histoire « frappante » m'est restée, je me rappelle avant tout la convivialité et le plaisir d'apprendre dans cette petite école. Et il n'est pas rare que, voyant un reportage sur un instituteur dans le JT[1] de 13 heures, je pense à M. Gély...

*

* *

1. Abréviation de journal télévisé.

D'autres images me reviennent en mémoire, évocation des scènes qui m'ont formé... L'excitation, pendant les retraites aux flambeaux les soirs de 14 juillet. Le plaisir, quand je vais chercher le lait dans son pot d'étain ; je respire l'odeur, délicieuse pour moi, du fumier et des bêtes ; je savoure la chaleur moite de l'étable... La chasse en famille, au petit matin ; je porte le carnier de mon père, chaussé de bottes, marchant dans les betteraves et les blés coupés, le béret sur la tête, senteurs d'automne, odeurs de cuir... Les fêtes de famille, interminables et si gaies, dans cette grande maison que nous habitons.

Et les scouts... Nommé infirmier sans autre raison que la profession de ma mère, je resterai le seul blessé mal soigné – à ma connaissance – dans la patrouille des Écureuils ! Un jour, en coupant des branches, je me suis entaillé la jambe jusqu'à l'os sur des fils de fer barbelés. Les copains ont cru bien faire en couvrant la plaie de coton. Il a fallu des heures au médecin pour enlever, à la pince à épiler, les fibres incrustées dans la chair. Personne n'avait pensé à ça, et surtout pas moi, « l'infirmier » !

Pour les vacances, nous chargeons la 403 et partons sur les routes de France. Nous nous rendons parfois en Bretagne, où je me souviens de la pointe du Raz sous la pluie, entre autres. Mais, le plus souvent, la voiture nous mène dans une station de ski familiale près d'Avoriaz, Les Gets. Un vrai privilège : ils n'étaient pas nombreux, à l'époque, ceux qui allaient aux sports d'hiver ! Cela dit, mon père déteste le ski. Mais il aime jouer aux cartes et a souvent pour partenaires deux personnes sympathiques qui se trouvent régulièrement dans le même hôtel que nous, au Mont-Chéry : un certain Guy Lux [1] et son acolyte Roger Lanzac, célèbre pour sa présentation de « La Piste aux étoiles ». Tous deux « font de la télévision », m'explique papa. Un bien joli métier, je suppose, mais qui ne m'impressionne pas le moins du monde. Il est vrai qu'à l'époque, les gens de télévision n'étaient pas des stars. Heureux temps... Et moi, contrairement à mon père, j'adorais skier !

Mon père... Je me revois, tôt le matin, sur la route d'Amiens, assis sur le siège passager de sa voiture. Je dois avoir dans les onze ans. Je suis content que papa me conduise sur son lieu de travail. Au volant, le grand bonhomme brun aborde son troisième jeu de mots depuis le petit déjeuner. Je souris. Son fameux sens de l'humour lui permet peut-être de rester pudique, mais pas seulement. Papa adore rire et faire rire. C'est un bon vivant, qui aime sa femme, ses enfants, ses chiens, les bons petits plats, les fêtes de famille, les soirées entre amis, la mécanique et... le sport automobile. Ingénieur, il est issu de l'école IDN, qui s'appellera plus tard l'École centrale de Lille. C'est d'ailleurs dans cette ville que mes parents, étudiants tous les deux, se sont rencontrés.

1. « Le Palmarès de la chanson », « Intervilles ».

Nous approchons de l'usine de papa, située sur la route de Paris. Je me sens tout à coup bien important : dans une minute, nous allons nous arrêter devant les grilles de ce bâtiment de briques rouges au toit en dents de scie, et je vais appuyer sur un gros bouton. Alors non seulement les grilles s'ouvriront mais une sirène retentira, marquant le début du travail pour une soixantaine d'ouvriers. Toute la journée, ils fabriqueront des machines-outils : des fraiseuses, des tourneuses ou des perceuses, qui ont été conçues par mon père et dessinées par le monsieur du bureau d'à côté. Chaque fois que j'appuie sur ce bouton, je me sens ému, comme si ce rite m'ancrait pour toujours dans une tradition familiale pragmatique, ingénieuse, industrieuse.

Car cette activité représente le fruit de trois générations tenaces. Mon arrière-grand-père, Alfred Pernaut, exerçait le métier de ferronnier à Albert, dans la Somme. Dans sa première usine, il s'était consacré à la fabrication de machines-outils. La guerre de 14-18 fit de nombreux dégâts dans les parages : le bâtiment fut entièrement détruit... et reconstruit à Amiens, où l'affaire devint la propriété et surtout la responsabilité de mon grand-père Paul. La guerre de 39-45 se montra aussi destructrice que la précédente, rasant à nouveau la fabrique, laquelle resurgit au même emplacement, et c'est mon père, Jean, qui en hérita et sut la faire fonctionner jusqu'aux années soixante-dix, où la concurrence, impitoyable elle aussi, mit fin à cette belle aventure industrielle et familiale.

Pendant ces trajets vers l'usine, papa et moi parlions peu, mais nous nous entendions bien. J'adorais me trouver en sa compagnie. Il portait en lui une certaine fantaisie, un côté rigolo et sportif qui contrastait avec l'univers tout en obligations de maman, et me donnait l'impression d'être en vacances. Aujourd'hui qu'il a disparu, il m'arrive souvent de penser à lui. Et d'éprouver la nostalgie de ces moments si paisibles, au cours desquels se tissait un lien fort d'amour filial.

À l'heure où j'écris ces lignes, je demeure convaincu que ma personnalité s'est formée grâce à mon environnement familial, et je remercie mes « anciens » d'avoir créé autour de moi des circonstances si favorables. Naître dans un milieu aimant, avoir des parents attachés aux valeurs de droiture et d'entraide sans pour autant se montrer rigides, profiter de la « vérité » de la campagne, voilà qui m'a permis de disposer de vraies racines, sur lesquelles m'appuyer pour grandir. Je suis très conscient de la chance que j'ai eue.

– III –

PASSIONS

En sixième, le petit campagnard que je suis a bien du mal à trouver ses repères dans la cité scolaire, ensemble de bâtiments situé dans la périphérie d'Amiens, où je suis interne. Ces lieux un peu austères, destinés à tous les stades de l'apprentissage, sont disséminés dans ce qui pourrait passer pour une sorte de campus, réunissant plusieurs milliers d'élèves. Je sors d'une école d'une quarantaine d'enfants et me sens complètement perdu.

Après que j'ai redoublé ma première classe de secondaire, mes parents me placent chez une dame très gentille, dans une maison proche du lycée. Cette dame me fait faire mes devoirs tous les soirs. J'ai besoin d'une structure autour de moi pour m'aider à travailler, comme tant d'autres garçons de mon âge.

Il n'empêche je suis parti pour de très longues études secondaires : deux sixièmes, deux secondes et trois terminales ! Une difficulté majeure : mes passions, qui passent avant tout.

*
* *

Douze ans. Je remonte lentement le transept, me dirigeant vers l'autel. Le prêtre attend la bonne centaine de communiants que nous sommes et, bientôt, les cloches vont carillonner pour nous. Ce matin, j'ai revêtu une aube blanche, et me suis apprêté à vivre cette journée de communion solennelle comme il se doit : avec mes copains et ma famille. On ne manquera pas de m'offrir le traditionnel stylo et le beau livre que je ne lirai jamais, mais qui décorera un bout de mon étagère. Mais surtout, je me trouve dans la plus belle cathédrale du monde. C'est ainsi que je la vois à l'époque, et c'est ainsi qu'elle reste aujourd'hui dans mon cœur.

Petit, j'y allais avec maman. Un peu plus grand, j'ai pris l'habitude de m'y rendre, à la fois pour le plaisir de profiter d'un lieu exceptionnel – l'église, bâtie en pleine période gothique des XIIe et XIIIe siècles, est plus longue et plus haute que Notre-Dame-de-Paris, et décorée de centaines de statues magnifiques –, et pour la sérénité que dégage cet endroit familier, où l'équilibre semble régner. La cathédrale d'Amiens, je m'y sens bien, et j'y reviens souvent. Je n'éprouve pas trop de sentiment religieux, bien qu'il m'arrive de prier. Je me considère catholique « de formation ». Et j'aime ma cathédrale.

Première passion donc, Amiens. La cathédrale, le vieux quartier et ses hortillonnages, petites parcelles de terre cultivées dans lesquelles on se rend en bateau, sur des canaux. Que de promenades en ces lieux, que de bonheur à marcher dans les ruelles... J'aurai, plus tard, l'occasion de montrer activement mon intérêt pour ma ville.

Deuxième passion, le hockey sur gazon. Sport peu pratiqué en France. Mais mon oncle, pharmacien lui aussi, est président du club de hockey d'Amiens et, à ce titre, m'initie. Tout de suite, j'accroche à ce jeu. J'adore aussi l'athlétisme – j'ai même été champion de Picardie de saut en hauteur –, tout en pratiquant la planche à voile et le ski. Le sport a toujours été pour moi un plaisir.

Comme je cours vite, je deviens ailier gauche au hockey. Désormais, et pendant des années, tous mes jeudis et pratiquement tous mes week-ends sont consacrés à cette activité. À quinze ans, on me mettra en équipe senior, et nous serons trois fois champions de France.

Pour le jeune garçon que je suis, le hockey est aussi l'occasion de merveilleux voyages en Belgique, en Hollande, en Allemagne et en Angleterre. Un brin d'indépendance vis-à-vis des parents mais, surtout, l'occasion de faire les quatre cents coups avec les autres joueurs, et la possibilité de dénicher, un peu plus tard, mes premières rencontres féminines parmi les belles hockeyeuses étrangères.

Pour les copains de hockey, mon surnom, c'est John.

– John, tu ne voudrais pas qu'on aille tous en voiture jusqu'en Angleterre, pour le prochain match ?

– Je ne sais pas, je vais voir...

Philippe, Gérard et Hervé sont habitués : une chance sur deux pour que maman me prête sa voiture depuis que j'ai passé mon permis de conduire. Un peu plus tard, départ enthousiaste dans l'Austin maternelle. Mes trois amis, tout notre attirail et moi-même nous entassons à la va comme je te pousse dans ce minuscule véhicule, rigolant pour un rien. Ce soir, nous dormirons dans un camping ou, s'il fait beau, à la belle étoile...

Avec le recul, je considère que le hockey sur gazon a constitué une formation exceptionnelle, entre esprit d'équipe, endurance et rapidité. « Pour être un bon journaliste, il faut d'abord courir vite... » me répétera plus tard un de mes professeurs de reportages ! Et ce qui marquera ma vie professionnelle, c'est d'abord et avant tout l'appartenance à une équipe. Quant à l'endurance, il faut en faire preuve dans les domaines les plus inattendus, comme me l'a prouvé l'été 2005.

Ma troisième passion, le journalisme, s'est imposée à moi l'année de mes treize ans. On ne peut vraiment pas parler d'atavisme, avec une mère pharmacienne et un père ingénieur. Du reste, je resterai l'exception familiale : mon frère sera médecin, mon premier fils ingénieur et ma première fille gynécologue...

Par ailleurs, les discussions à la maison concernent rarement des faits d'actualité. Nous sommes plutôt tournés vers les métiers de chacun, les faits de la vie de tous les jours, les événements familiaux passés et à venir. Enfin, nous ne recevons que deux organes de presse : *Le Courrier picard* et *Paris Match*. Nous écoutons modérément la radio, et regardons peu la télévision...

Quant à moi, je ne saurais dire encore à quelle profession je rêve...

Ma vocation, pourtant, prend des allures de révélation... le jour de la mort du pape ! Peu après mon treizième anniversaire, en effet, le pape Jean XXIII s'éteint, le 3 juin 1963, un lundi de Pentecôte. Son visage rond et avenant a accompagné une partie de mon enfance et de mes années de catéchisme. Il est connu pour avoir initié le concile Vatican II, qui révolutionna, entre autres, le rite de la messe. Par ailleurs il a publié, quelque temps avant de mourir, l'encyclique *Pacem in Terris*. Pour la première fois, une lettre encyclique s'adressait non seulement aux membres de l'Église catholique mais aussi « *à tous les hommes de bonne volonté* ». La disparition de Jean XXIII constitue un événement qui bouleverse certes beaucoup de monde. Mais moi, elle va brutalement éclairer mon chemin.

Je me souviens très bien de ce moment où je regarde longuement les images concernant cette mort dans *Paris*

Match... Au fil des pages, en même temps qu'une sorte de tristesse, un sentiment étrange m'envahit. Ou plutôt, une envie : celle de raconter *absolument* ce qui se passe autour de moi, celle de rendre compte d'événements qui n'ont rien de personnel mais qui me touchent néanmoins profondément.

Un peu plus tard, le 23 novembre 1963, une autre figure que j'admire trouve la mort dans des conditions brutales et inacceptables : John Fitzgerald Kennedy est assassiné à Dallas. Le monde entier accuse le choc. Odieux, incroyable : un homme aimé, symbole de l'Amérique, de la jeunesse et de la modernité, disparaît. Impression de fin d'un monde, j'entends encore les réactions et les pleurs à la radio. Le lendemain, je découpe tous les articles que je peux trouver sur le sujet, et je me fabrique mon premier dossier de presse, un cahier où je colle, pêle-mêle, son élection, les sourires du président à son mariage avec Jackie, ses enfants, ses hobbies, jusqu'à sa dernière automobile, celle où il est tombé sous les balles d'un certain Lee Harvey Oswald.

Peu de temps après ce drame, l'instituteur de Quevauvillers, M. Gély, lance une nouvelle activité pour les enfants du village, réunis dans le Foyer rural. Je suis au lycée, mais je fais toujours partie des gamins de la commune. Et nous allons créer un journal ! Il s'appellera *Equitum Villa*, du nom latin de Quevauvillers. Le samedi soir, dans la salle de l'école, nous sommes quelques-uns à écrire nos articles. En toute modestie, et parfois avec un peu de timidité, nous sommes allés voir tel ou tel habitant qui va faire réparer son toit, ou bien nous avons interrogé le maire afin de savoir pourquoi les conseillers municipaux (dont ma mère) ont toujours une lumière allumée la nuit au-dessus de leur porte, ou encore pourquoi il n'y a pas de trottoirs dans notre petit village, toutes questions qui peuvent paraître dérisoires mais sont l'essence même du journalisme de proximité, fût-il à minuscule échelle.

Une fois les articles écrits et les fautes corrigées par M. Gély, nous tapons nos « papiers » à la machine sur un stencil[1], puis nous plaçons le stencil sur une autre machine – une Ronéo –, que nous tournons avec une manivelle, et qui reproduit notre texte. Une opération laborieuse, mais qui donne au final un joli petit journal dont nous sommes vraiment contents d'aller distribuer deux cents exemplaires autour de nous.

Tout naturellement lorsque, en troisième, il est question d'effectuer un stage en entreprise pour « faire connaissance avec le monde du travail », j'écris au *Courrier picard.* Ma candidature est acceptée. Je suis fou de joie ! Pour moi, ce journal est le plus grand de la Terre...

Un matin, je pénètre à l'intérieur du saint des saints, ma référence en matière d'information, un bâtiment de

1. Papier paraffiné perforé à la main ou à la machine à écrire, et servant de cliché pour la polycopie.

briques rouges dans une rue passante d'Amiens. Le secrétaire général, M. Loubère, me fait visiter les lieux. Émerveillé, je découvre des dizaines de journalistes, le crayon coincé derrière l'oreille, certains en train de taper sur leur machine, au milieu d'une ambiance studieuse qui m'impressionne. Ce qui me frappe le plus, cependant, c'est une odeur de plomb très forte, qui restera profondément gravée dans ma mémoire.

Je vais avoir l'opportunité d'observer, dans les jours qui suivent, les étapes par lesquelles le journal passe avant d'arriver entre les mains du lecteur. En premier lieu, j'ai la chance d'être emmené sur un fait divers. Une histoire dont je ne me souviens plus aujourd'hui, mais qui a le mérite de me transporter tout de suite dans la peau du journaliste. Plus tard, on me montre la mise en page. J'ai le souvenir précis du rédacteur en chef corrigeant les morasses[1] juste avant le bouclage. Je sens la tension qui monte et, déjà, cela me plaît. J'assiste à la linotypie[2] et au tirage. Toutes ces expériences me confirment dans mon envie. C'est clair : je serai journaliste.

1. Dernière épreuve d'une page de journal, tirée avant l'impression, pour une ultime vérification des textes et des titres.

2. La linotype est une composeuse mécanique inventée en 1885. Depuis 1440, les typographes composaient les textes à la main, caractère par caractère. La linotype permet au compositeur de frapper directement ses textes sur un clavier. Ce système sera le plus utilisé pour la composition des journaux jusqu'aux années soixante-dix, date à laquelle la photocomposition la reléguera parmi les antiquités.

Mais j'ai de quoi me faire du souci : entre mon rêve et moi se dresse le lycée... Mes études se déroulent toujours à la cité scolaire d'Amiens (maman est une inconditionnelle de l'école publique), mais dès que les cours sont finis, je me rends à Saint-Martin, institution religieuse peu éloignée où je suis désormais pensionnaire. Suivent deux heures d'études dans une immense salle, sous la surveillance du père Lépine, puis le dîner, et le coucher dans un grand dortoir les premières années, puis en chambre individuelle pendant la terminale. Souvenirs de pétards (et même de fusées de feu d'artifice !) lancés du fond d'un couloir d'au moins cent mètres, vers le surveillant, la nuit. Ou encore, le traditionnel seau d'eau jeté à la tête du même surveillant, alors que nous avions coupé l'électricité pour ne pas être repérés... Les blagues douteuses typiques de l'adolescence !

Je pourrais peut-être cartonner côté scolaire, mais je ne suis pas ce qu'on pourrait appeler un « assidu » en cours. J'aime trop le hockey, le cinéma et les copains. Et puis j'ai une bête noire : les mathématiques. Alors que j'adore l'histoire et la géographie... Inscrit en section D (sciences naturelles, avec un gros coefficient en maths), je rate une première fois le bac. Puis une deuxième fois, à un quart de point près. Rageant ! Comment faire, maintenant, pour réaliser mon rêve et entrer à l'école de journalisme de Lille ? Je me renseigne : en fait, le bac n'est pas indispensable. Le « niveau bac » suffit, pour peu que l'on soit « dégagé des obligations militaires », c'est-à-dire que l'on ait accompli son service national.

C'est ainsi que je me retrouve à la base aérienne d'Évreux, bientôt caporal-chef et assistant du colonel commandant la 64e escadre de transports.

Tous les jours, séance de ménage : le bureau est mon lieu de travail principal. Il doit être quotidiennement rangé, épousseté... Cependant, mis à part cette « corvée », je n'ai pas à me plaindre. On dit que l'armée brasse les milieux et les gens, mais je remarque surtout que ceux qui ont de l'éducation – ceux qui savent lire et écrire à peu près correctement – forment tout de même un clan à part. D'ailleurs, je m'estime très privilégié, car ma chambrée est uniquement constituée de copains aviateurs, qui sont fréquemment envoyés en mission. Résultat : je suis seul dans la pièce la plupart du temps. Et quand les chevaliers du ciel reviennent, ils rapportent avec eux des butins dont ils me font profiter. Un vol en provenance du Tchad ? Ce sont des carcasses de mouton dont nous faisons des méchouis délicieux. En provenance de Dakar ? Nous nous régalons de sacs entiers de langoustes... Et, comble de chance, en tant qu'assistant du colonel, c'est moi qui rédige les permissions. Autant dire que je retourne dans ma famille quand je veux.

Pourtant, je ne perds pas de vue le but de ces classes : entrer à l'école de journalisme, mon obsession. Aussi me suis-je inscrit en candidat libre au bac, pour la troisième fois. Et pour la troisième fois, je le rate ! Fiasco total. Je ne donne pas cher de mes chances au concours d'entrée à l'école de mes rêves...

Qu'importe, à la fin du service militaire, je décide tout de même de le passer, ce concours.

– IV –

« MONSIEUR CATASTROPHE »

Un immense hangar. Des centaines de personnes qui planchent sur des bureaux de bois, à perte de vue. On entendrait une mouche voler. Sur les neuf cents dossiers présentés pour concourir, six cents ont été retenus. Parmi eux, le mien. Ce jour-là, dans ce lieu froid, au milieu de tous ces concurrents, j'ai vraiment l'impression de me battre pour réussir. Chaque phrase que j'écris, chaque idée que je couche sur ma copie, chaque pensée a un sens : celui de mon avenir.

Et, miracle, ça marche ! Les autres reçus ont tous au moins un Deug, pas moi. Mais je fais partie des admis, j'ai gagné le concours, et c'est la fête... En septembre 1971, j'intègre l'école de journalisme de Lille. J'ai réalisé la première partie de mon rêve.

À la rentrée, nous voici tous réunis dans une salle. Nous, les aspirants journalistes, nous nous attendons à foncer vers l'action, la difficulté, l'aventure. Notre professeur, Maurice Deleforge, se tourne vers nous d'un air ironique et annonce :

– Pour votre premier reportage, vous me ferez trois feuillets [1] sur la chute des feuilles. Ça tombe bien, c'est l'automne ! ajoute-t-il avec un grand sourire, sans doute amusé de l'embarras dans lequel il nous met.

Je m'attelle à ce travail à reculons. Un fait divers aurait été bien plus facile : la matière aurait tout de suite été présente. Mais écrire sur une chose banale, quelle gageure... Néanmoins, j'apprends beaucoup lors de ce reportage. En allant interroger un jardinier de la ville de Lille, je me familiarise avec sa vision des saisons, avec le nombre de camions requis pour ramasser les feuilles mortes et avec les spécificités de son métier. Puis je récolte l'avis de chaque passant qui croise ma route : aime-t-il ou non l'automne, que lui évoque cette période de l'année ? Finalement, je vis une première expérience exaltante et, sans que je le sache encore, tout à fait dans l'esprit de ce que j'aimerai toujours : la profondeur des choses apparemment sans importance, la noblesse de tous les métiers, la vie des gens, la vraie vie.

Le programme de l'école est chargé. Outre les cours pratiques de reportage, nous étudions le droit, la mise

1. Un feuillet est égal à une page d'environ mille cinq cents signes.

en page et l'anglais, entre autres. Je me rappelle quelques « lois », dont une qui veut que plus un événement est lointain par rapport à un public donné, moins il intéresse ce public. Ou encore : un train qui est à l'heure ne constitue pas un événement, mais un train qui déraille, si ! Cela n'a guère changé, hélas... C'est pourquoi, dans le journal de 13 heures, je m'applique à montrer qu'il peut y avoir aussi des informations positives, qu'un meuble réussi est le résultat d'une merveilleuse aventure humaine, que les gens normaux sont des êtres passionnants et que les vies « sans histoires » sont très souvent des réussites. En tout cas, lors de ma formation, personne ne nous a jamais conseillé de tenter de faire dérailler l'existence de quiconque afin de vendre du papier !

En juin 1972, à la fin de la première année, un vrai stage au *Courrier picard* m'attend. Dès le lendemain de mon arrivée, au cours d'un reportage, je rencontre un certain Alain Chaillou. Il a fait la même école que moi, il en est sorti, il travaille au bureau régional de l'ORTF [1] à Amiens.

– Pourquoi ne viendrais-tu pas voir nos locaux ? Tu verras, il y a une bonne ambiance...

1. Office de radiodiffusion et télévision françaises, créé par la loi du 27 juin 1964 et placé sous la tutelle du ministère de l'Information.

Il a raison, l'atmosphère me paraît tout de suite sympathique. Il me fait visiter le studio, me montre les caméras, me présente à quelques journalistes. Tout à coup, un homme déboule dans la pièce. Il a l'air très affairé. Alain est sur le point de me présenter, mais le type lui coupe la parole :

– Qui est ce garçon ?

– Bonjour, je m'appelle Jean-Pierre Pernaut.

– D'où venez-vous ?

– Du *Courrier picard.*

– Vous êtes libre pour l'été ? Vous voulez faire de la radio ?

– Oui, je suis libre ! Mais je n'ai jamais fait de radio...

– Pas grave, vous allez en faire !

Je viens de rencontrer mon premier rédacteur en chef, Jacky Davin. Il lui manque un journaliste pour présenter les flashs radio du matin. En même temps, il promet de m'intégrer à la petite équipe des journalistes de la station régionale où je pourrai faire des commentaires pour le journal télévisé. Bien sûr, j'accepte aussitôt, même si je n'ai jamais pensé à la télé ! Et me voilà stagiaire dans l'audiovisuel où j'arrive le 16 juin 1972. Un jour qui restera gravé dans ma mémoire à plus d'un titre...

Le matin du 16 juin 1972 en effet, la plus terrible catastrophe ferroviaire que la France ait jamais connue vient de se produire à quelques kilomètres de Soissons, dans le tunnel de Vierzy dont la voûte s'est écroulée juste avant le passage de deux trains. Cent huit morts et quatre-vingt-sept blessés.

À Amiens, nous recevons les images des envoyés spéciaux qui ont filmé cet enfer. Des wagons écrasés, des ferrailles tordues, des cadavres mutilés, des gens en pleurs, des pompiers héroïques en train de dégager les corps. Des images atroces.

Le soir, de retour à la maison – quand je travaille à Amiens, j'habite chez mes parents à Quevauvillers –, j'ai du mal à dormir... Le lendemain, je fais mon premier commentaire au journal télévisé sur les prises de vue de la chapelle ardente dressée dans la petite commune pour les victimes et leurs proches. Drôle de début pour un jeune stagiaire !

Le nom de « Monsieur Catastrophe » n'a pas encore été prononcé. Mais au prochain drame, on se souviendra de ce tonitruant démarrage professionnel. Il se produira deux ans plus tard.

En attendant, ce premier été de stage à la radio et à la télévision se déroule parfaitement bien. On me fait faire des commentaires et des reportages dans tous les domaines de l'actualité. J'apprends.

À la rentrée de septembre, fier de cette expérience, je retrouve mon école lilloise. Avec quelques copains, nous décidons de créer une radio dans le « resto U [1] » voisin de l'école. Tous les matins, nous enregistrons un bulletin d'informations, que nous diffusons à l'heure du

1. Restaurant universitaire.

déjeuner. Bien entendu, entre le bruit des couverts et les voix des élèves qui s'interpellent et se racontent leur vie, personne ne nous écoute ! Qu'importe, nous nous passionnons pour ce morceau de bravoure.

*
* *

Pendant les deux années qui restent – l'école dure trois ans –, je partage mon temps entre mes études à Lille et mon job de journaliste pigiste à l'ORTF d'Amiens, car Jacky Davin m'a demandé de continuer à travailler avec lui. Tous mes week-ends et toutes mes vacances y passent.

Partir en reportage, à cette époque, représente une vraie aventure. D'abord, les équipes sont « lourdes » : quatre personnes que, jeune journaliste rédacteur, je dois diriger. Un journaliste cameraman, un ingénieur du son et un assistant dont le rôle consiste à la fois à s'occuper de l'éclairage et à conduire la voiture. Le petit stagiaire a parfois bien du mal à se faire « respecter » par de vieux briscards qui n'aiment pas trop voir bousculer leurs vieilles habitudes ! Premières armes pour un bleu. Elles m'apprendront à faire preuve de patience et surtout de tact... Ensuite, on est très loin à cette époque de l'information quasi instantanée que nous connaissons aujourd'hui. Si l'équipe est lourde, le matériel l'est tout autant : de grosses caméras, des films en seize millimètres qu'il faut développer, des caisses avec des projecteurs. Tout cela est très long à charger dans la voiture, très long à décharger, très long à développer, à monter... Il faut des heures pour diffuser un reportage de quelques poignées de secondes et chacun de ces reportages est une véritable expédition. Cela explique peut-être pourquoi les journaux télévisés nationaux, très lourds eux aussi, sont remplis de reportages tournés quasi exclusivement à Paris. Ce serait trop long d'aller ailleurs... Quelques années plus tard, la vidéo arrivera avec des équipes légères de deux personnes, des montages informatiques, des téléphones portables, des satellites... Et la télévision s'ouvrira à d'autres horizons.

Pour l'heure j'apprends mon métier, et la chance d'être dans une petite station régionale me permet d'en découvrir la variété : les faits divers, la politique, la vie sociale, les sports, l'environnement. Une formation très généraliste qui me servira elle aussi quand je deviendrai responsable d'un journal, donc forcément généraliste. Je travaille comme pigiste tous les week-ends et mon rédacteur en chef me demande de rester également le lundi pour présenter « Sports en Picardie » au côté d'un mordu de bicyclette, Henri Sannier, de trois ans plus âgé que moi et qui deviendra un très grand copain. Il est rédacteur en chef adjoint et a un sens inné de l'animation d'équipes. Travailler avec lui est un immense plaisir mais cette émission m'empêchera de suivre un cours important de mon école : le cours de radio et de télévision que donne chaque lundi aux étudiants journalistes lillois un certain Jean-Claude Bourret. Jamais je n'y assisterai ! Bien plus tard, quand je rencontrerai enfin ce prof dont j'étais un élève fantôme, nous en plaisanterons.

Voilà donc mes lundis midi occupés pendant presque deux ans. À la fin de ma deuxième année, je deviens pour l'été « pigiste occasionnel permanent ». Ça ne s'invente pas. Une dénomination curieuse qui ressemble bien à cette vieille ORTF au fonctionnement et au vocabulaire décidément très bureaucratiques. « Occasionnel » et « permanent » à la fois... En tout cas, pour ce deuxième été dans l'audiovisuel, l'essai de présentation de « Sports en Picardie » ayant été concluant, on me demande de présenter aussi tous les samedis soir le journal télévisé régional. Encore une expérience formidable pour un jeune étudiant. Je me sens apprécié, et j'adore mon travail.

De journal en journal, de reportage en reportage, je continue à m'instruire... Le 3 mars 1974, toujours « pigiste occasionnel permanent », je suis chargé de couvrir un rallye automobile dans l'Oise.

J'ai une certaine expérience en la matière, car j'ai souvent suivi mon frère ou mon père, tous deux passionnés par ce sport. Papa est même l'un des fondateurs de l'Asa[1] Picardie. Ancien pilote, il est directeur de course du Rallye de Picardie. L'odeur de l'huile de moteur, les

1. Association sportive automobile.

crissements de pneus sur la chaussée, l'adrénaline de la course, les haies de spectateurs qui se forment le long des routes, l'ambiance sportive et amicale de ces compétitions, je connais. Mon frère aussi a été pilote. J'adore les rallyes et j'ignore encore que je transmettrai cette passion à mon fils aîné...

Et voilà qu'en pleine course, alors que nous avons déjà engrangé bon nombre d'images et d'interviews, des gendarmes chargés d'assurer la sécurité de l'épreuve m'interpellent :

– Il paraît qu'il y a eu un accident d'avion, à Ermenonville, peut-être devriez-vous aller voir ?

Ni une, ni deux, toute l'équipe s'engouffre dans la voiture et fonce vers les lieux de l'accident. Réflexe de journaliste : et si nous étions les premiers ? Après tout, ce n'est qu'à quelques kilomètres. Pour ma part, je ne sais pas pourquoi, j'imagine un petit zinc dégringolé quelque part dans la forêt. Je suis à mille lieues de ce qui nous attend.

Nous arrivons près de la forêt d'Ermenonville. Devant nous, un camion de pompiers. Vide. Nous décidons de continuer à pied. Le silence qui nous entoure donne le frisson. On dirait que les animaux se sont tus. Enfin, nous croisons un pompier. Il est blême. Après l'avoir salué, je demande :

– Y a-t-il des survivants ?

L'homme marque un temps d'arrêt, comme s'il avait besoin de digérer ce que je viens de dire et de le comparer avec ce qu'il a vu.

– Il n'y en a pas un entier...

Son ton, à la fois lugubre et découragé, nous impressionne. Nous décidons de continuer notre chemin, dans la direction que le sauveteur nous a indiquée.

Avec hâte, maintenant certain qu'il se passe quelque chose de grave, je marche vers une butte. Après quelques pas, le preneur de son, Michel Auvray, m'avertit d'une voix blanche :

– Fais attention où tu mets les pieds !

Je regarde au sol. Je viens de fouler un morceau de tête humaine.

Je continue néanmoins vers la butte, nauséeux mais déterminé. Nous arrivons sur le monticule : un enfer s'étale devant nous. Sur une trouée large de cent mètres et longue d'un kilomètre, des milliers d'arbres pulvérisés font le lit de quantité de débris de ferraille éclatés, de papiers éparpillés, de fauteuils éventrés et de morceaux de cadavres déchiquetés, ensanglantés. Juste devant nous, une des roues de l'appareil achève de se consumer. « L'abomination de la désolation »...

Le cameraman Hubert Tilloy filme ce qu'il peut. J'interviewe des pompiers à pied d'œuvre, en train de placer les cadavres dans des sacs de plastique ou de dégager des débris humains coincés sous les carcasses écrasées. Après avoir entendu les policiers nous expliquer qu'ils ont aperçu d'autres débris de l'appareil dans un champ, à cinq ou six kilomètres de là, nous nous y rendons. Nouvelle découverte morbide : plusieurs fauteuils sont littéralement fichés dans les labours, enfoncés de trente centimètres dans le sol. Accrochés à plusieurs d'entre eux, des mains sectionnées ou des corps entiers figés dans une étreinte mortelle avec le siège. Et encore d'autres cadavres disséminés...

Un DC-10 de la Turkish Airlines venait de quitter Paris pour Londres. Peu après son décollage, mal verrouillée, une porte de soute s'est ouverte. Des sièges et des passagers ont été immédiatement aspirés vers l'extérieur et l'appareil a piqué sur la forêt d'Ermenonville, où il s'est écrasé.

Encore sous le choc, nous rentrons à Amiens pour développer ces images horribles et les monter. Comme nous avons été les premiers sur place, notre reportage sera diffusé sur la première chaîne aux informations de 20 heures. Une première pour moi. Et encore un drame. « Monsieur Catastrophe » ?

Le soir venu, quand je suis de retour chez moi, les images du charnier me hantent obstinément. Tentant de me débarrasser de ce qui m'obsède, j'enlève mes chaussures et mon pantalon, et les jette à la poubelle dans un geste rageur. Longtemps il me sera impossible de voyager en avion, et quand j'y serai contraint par mon métier, ce sera avec une trouille que je mettrai des années à apprivoiser...

*
* *

Quelques mois plus tard, j'arrive au terme de mes études à Lille et, pour valider mon diplôme, je dois effectuer un nouveau stage, cette fois choisi par l'école de journalisme. Ce sera à France Inter, à Paris. Vue de ma Picardie natale, la capitale me fait un peu peur. Certes, j'y suis déjà venu souvent pour jouer au hockey sur gazon. Mais la foule sur les trottoirs et les embouteillages me donnent le tournis et seule la tour Eiffel trouve grâce à mes yeux. Symbole de la Ville lumière, ce monument me fascine encore et toujours !

Un peu perdu, très « provincial », j'arpente les couloirs de la célèbre Maison de la Radio. Difficile de me repérer, dans ce bâtiment rond, difficile de trouver le bureau de l'équipe que je dois rejoindre... J'y parviens malgré tout.

Une fois dans les locaux de France Inter, je n'en mène pas large. Pour ma première plongée dans le milieu parisien des médias, j'ai l'impression d'avoir perdu ma langue. Que dire à tous ces gens qui se prennent tellement au sérieux ? Je me sens à la fois exclu et en retrait, bref, pas très à l'aise. Mais tout de même très heureux d'*en* être...

Mes premiers jours se déroulent sans problème, on me montre ce qu'il faut faire et je me dégourdis un peu. Dans la salle de rédaction, les uns parlent, d'autres écoutent – en particulier les stagiaires dont je suis –, puis on tente de poser les bonnes questions.

Tout à coup, je vois un homme s'encadrer dans le chambranle de la porte et demander à la cantonade :

– Est-ce que, parmi les stagiaires, il y en a qui ont déjà fait de la télévision ?

Timidement, du fond de la salle où je me tiens, je lève la main et réponds comme un collégien :

– J'en fais depuis deux ans.

– Venez avec moi, dit l'homme sans plus de cérémonie.

Et il disparaît.

Je le suis en pressant le pas. Le monsieur se nomme Christian Bernadac, il est rédacteur en chef d'« Inter 3 », le journal national de la troisième chaîne, dont les bureaux, par hasard, se situent au même étage de la Maison de la Radio que les nôtres. Une rencontre déterminante, mais je ne le sais pas encore.

Pour le moment, Bernadac a besoin de quelqu'un pour présenter les flashs infos de la journée (deux par jour), et je tombe bien, une fois de plus !

J'abandonne tout de suite mon stage à France Inter pour entrer, avec le même statut, à la troisième chaîne. Une expérience de plus à mon actif. À vingt-quatre ans, je m'estime très chanceux : un petit studio ultramoderne, une caméra automatique pour me filmer, moi et ma belle cravate à gros nœud tout en laine, mes cheveux qui flirtent avec mes épaules et ma veste marron. Années soixante-dix obligent...

À la fin de l'été, j'abandonne tout ce beau monde avec regret. Je me suis fait une bonne réputation auprès de mon rédacteur en chef. J'ai travaillé autant que j'ai pu. Et puis j'admire énormément cet homme droit, courageux et intelligent[1], et il doit s'en être aperçu ! J'espère bien que nous nous rencontrerons à nouveau...

En septembre, je regagne Amiens et la station de l'ORTF, toujours comme « pigiste occasionnel permanent », mais j'espère bien sûr y obtenir un véritable emploi.

1. Christian Bernadac, aujourd'hui disparu, était l'auteur de nombreux ouvrages, la plupart sur les camps de concentration, mais aussi sur les Cathares...

– V –

À VOUS COGNACQ-JAY !

Décembre 1974, je profite des vacances de fin d'année pour skier, à Tignes, en compagnie de ma fiancée, Dominique, que j'épouserai quelques mois plus tard. Il fait beau, la neige est magnifique. Dans quelques jours, je retrouverai avec plaisir Amiens et sa station régionale. J'ai toujours aimé les vacances, mais je préfère qu'elles ne soient pas trop longues...

Un soir, à l'hôtel, coup de fil de ma mère :

– Tu as reçu un recommandé !

– Et qu'est-ce qu'il y a dedans ?

– Ton annonce de licenciement...

– Mais je ne peux pas être licencié, je n'ai pas de contrat de travail !

– Écoute, il paraît que si, à en croire ce qui est écrit.

Mes pensées se bousculent dans ma tête. Je n'y crois pas. Ou ne veux pas y croire. Le lendemain, j'appelle un avocat, dans l'idée de lancer une procédure. Mais le surlendemain, un ami m'explique que nous sommes des centaines à nous retrouver ainsi à la porte de l'ORTF : un certain Valéry Giscard d'Estaing, récemment élu président de la République, vient de réformer la vieille maison, et notre licenciement est une des conséquences de cette modernisation que je souhaitais tant ! Un comble...

Il n'empêche que, de retour à Quevauvillers – je vis à nouveau chez mes parents –, je me sens très déstabilisé. Fini la télé ! Mon avenir m'apparaît plutôt sombre, en tout cas incertain. Que faire ? J'envisage toutes sortes de possibilités, mais le moment est mal choisi pour agir, on sort à peine des fêtes, une période en général pas très dynamique...

Sauf qu'au matin du 5 janvier 1975, le téléphone retentit dans le bureau de maman. Je décroche. J'entends une voix inconnue :

– Bonjour, je m'appelle Patrick de Carolis. Je voudrais parler à Jean-Pierre Pernaut.

– Lui-même !

– Christian Bernadac voudrait vous parler, je vous le passe.

Une intonation chaleureuse transforme immédiatement mon inquiétude en sourire :

– Bonjour Jean-Pierre ! Que faites-vous en ce moment ?

– Rien depuis cinq jours, pourquoi ?

– Parfait ! Alors vous faites comme Carolis, vous

prenez une chemise, une brosse à dents et du dentifrice, et demain, vous êtes à TF1 !

Je ne me le fais pas dire deux fois. Mon cœur fait des bonds dans ma poitrine et, pour un peu, je sauterais au cou de maman, qui vient d'entrer dans la pièce.

Le lendemain, 6 janvier, je débarque rue Cognacq-Jay à TF1, le jour de la création de cette nouvelle chaîne ! J'y rencontre les deux autres anciens stagiaires auxquels Bernadac a fait appel : Patrick de Carolis, avec qui je resterai très complice dans les années qui suivront, et Jean-Paul Flory, qui deviendra aussi un ami. Quant à mon ancien rédacteur en chef de stage, je le regarde tout bonnement comme mon sauveur. Quelle incroyable surprise il m'a réservée ! Grâce à lui, non seulement mon « chômage » n'aura duré que cinq jours mais, en plus, j'intègre une chaîne de télévision prestigieuse.

TF1 est issue de la réforme qui entérine la loi du 8 juillet 1974, éclatant l'ORTF en sept établissements, dont TF1, Antenne 2, FR3 et Radio France[1]. Il a fallu quelques mois pour que les changements soient effectifs. À l'époque, la diffusion sur TF1 est encore en noir et blanc, alors qu'Antenne 2 se regarde déjà en couleurs.

1. Les trois autres établissements sont TDF (Télédiffusion de France), la SFP (Société française de production et de création audiovisuelle) et l'Ina (Institut national de l'audiovisuel).

Je ne le sais pas encore, bien sûr, mais l'aventure va s'inscrire dans la durée, c'est le moins qu'on puisse dire. Aujourd'hui, cela fait... un peu plus de trente ans que j'exerce mon métier dans la même entreprise, même si, entre-temps, elle a été privatisée.

*
* *

En janvier 1975, l'ambiance à TF1 est euphorique. C'est véritablement la création d'un nouveau monde. Un monde avec ses grands anciens, figures emblématiques de l'histoire du journalisme télévisuel qui m'ont fait rêver depuis l'école de Lille. Je les croise avec admiration : Georges de Caunes, Léon Zitrone (le génial commentateur de tant de grands événements, comme le sacre de la reine Élisabeth en 1953), et quelques plus jeunes qui présentent parfois le journal de 20 heures comme Bernard Volker ou Claude Brovelli.

Un monde qui compte aussi de nouvelles têtes ; j'en fais partie, en compagnie de quelques autres, et non des moindres. Les trois présentateurs choisis par Bernadac sont des bleus en télévision. Il y a Yves Mourousi, dont le célèbre « Bonjour ! » ne s'est, jusqu'ici, exprimé qu'à la radio. Désormais, c'est au 13 heures que les Français vont l'écouter et le regarder pendant... treize ans. Au 20 heures, un autre présentateur, qui n'a jamais fait de télévision non plus, s'appelle Roger Gicquel. Et je fais enfin la connaissance de Jean-Claude Bourret, présentateur du week-end, mon ex-professeur de radio et télévision à l'école de journalisme de Lille, dont j'ai involontairement séché tous les cours ! Lui connaît déjà la télé puisqu'il était présentateur à « Inter 3 », avec Bernadac.

Dès mon arrivée, on m'affecte au service des informations générales, où je prépare des reportages destinés au 20 heures, ou au 13 heures, presque toujours tournés en région parisienne.

Je reste quelques mois seulement à ce poste. Très vite, à la demande de Christian Bernadac, j'assiste Julien Besançon, le présentateur du 23 heures, une voix très connue à la radio, où son commentaire de la guerre des Six-Jours sur Europe N° 1 avait marqué les esprits. Je m'entends bien avec ce barbu débonnaire. Je prépare ses textes et compose ses jeux de dépêches [1], notamment. Mais il est appelé à d'autres fonctions et doit quitter la chaîne.

Christian Bernadac me fait alors venir dans son bureau :

– Tiens, Jean-Pierre, toi qui adores la présentation, vas-y donc !

Une fois de plus, cet homme est mon bon génie. Sans doute ai-je un minimum d'expérience et l'envie de présenter ce journal, mais tout de même... À vingt-cinq ans, cela fait à peine huit mois que j'ai franchi les portes de TF1, et me voilà propulsé aux commandes du

1. Ensemble des dépêches reçues dans la journée et réunies pour faire l'objet d'une présentation au 23 heures.

23 heures, plus jeune rédacteur en chef de France ! Une chance dont je suis bien conscient, mais qui me flanque une trouille pas possible...

À la maison, le soir de ma nomination, je rentre auprès de Dominique, heureuse de partager cette bonne nouvelle avec moi. Nous nous sommes mariés il y a quelques mois, et nous sommes installés dans un petit appartement du XIVe arrondissement de Paris. Mon salaire et le sien ne nous permettent pas de faire des folies, et nous menons un vie tranquille. Amiens nous manque – la famille de ma femme, bien que d'origine basque, habite ma ville et c'est là que nous nous sommes rencontrés –, mais pas question d'y retourner pour le moment. Bien trop de travail en perspective, et je dois encore me battre pour obtenir un vrai contrat avec TF1.

Bureau du chef du personnel, deux mois plus tard (on ne parle pas encore de directeur des ressources humaines à cette époque).

– Bonjour ! Vous êtes ?

– Jean-Pierre Pernaut.

– Et vous faites quoi, dans la maison ?

Je reste quelques secondes abasourdi. Il ne sait pas ce que je fais ? Peut-être n'a-t-il pas la télévision ? Comme s'il avait lu dans mes pensées, l'homme, derrière sa petite table encombrée de dossiers volumineux, précise :

– Vous savez, je ne regarde jamais la télé. Donc, vous faites quoi ?

La négociation s'annonce mal. Et si jamais j'avais l'intention d'avoir la grosse tête, cette simple discussion suffirait à m'en dissuader. Refroidi et gêné, je réponds :

– Je suis présentateur du 23 heures.

– Ah bon ! Et qu'est-ce qui vous amène ?

– Eh bien, je n'ai pas le statut de rédacteur en chef, ni le salaire qui va avec, alors que, à mon poste...

Le fonctionnaire me coupe :

– Oh, mais ce n'est pas grave du tout, ça... Estimez-vous déjà heureux de travailler à la télévision. Pensez à tous les gens qui aimeraient être à votre place !

Je reste sans voix. L'entretien se termine en queue de poisson, je quitte les lieux, dépité, alors que j'y étais entré tout heureux d'avoir décroché ce rendez-vous, mais qu'importe, si c'est la règle du jeu, je m'y plie. Seulement je suis vert de rage. J'ai alors une autre idée. Si le directeur du personnel ne peut rien pour moi, il reste une solution, celle de me faire remarquer par mon travail. Je décide de me lancer à fond dans le 23 heures et de guetter tout ce qui passe à ma portée pour faire des heures supplémentaires. Ça finira bien par se savoir.

En tout cas, pendant trois ans, pas de sortie le soir, et des horaires décalés. Du lundi au vendredi, de midi à minuit. Dans mon petit bureau du cinquième étage juste à gauche de l'ascenseur, en compagnie de Brigitte, mon assistante, nous faisons de notre mieux pour être toujours à la hauteur.

Midi : à peine arrivé, je me jette sur la presse quotidienne et les dépêches. J'y trouve des idées. L'après-midi j'en cherche d'autres, et j'essaie de convaincre des journalistes de fabriquer des reportages pour l'édition de la nuit. Parfois je « quémande » un sujet au correspondant de Washington, de Moscou ou d'ailleurs.

Dans toutes les rédactions, il existe une loi naturelle dictée par la disponibilité des spectateurs et leurs centres d'intérêt. Dans cette échelle particulière des valeurs, le 23 heures passe donc après le 13 heures, qui passe après le 20 heures. Je parle là de préséance en termes de reportages. Autrement dit, il faut se battre un peu plus pour trouver des images quand on est au 23 heures, puisque celles-ci sont avant tout produites pour les deux autres JT, et surtout le 20 heures. Par ailleurs, à cette heure tardive, les téléspectateurs, en général des cadres, des chefs d'entreprise, des hommes politiques, bref des décideurs, s'intéressent à une information plus orientée sur l'économie et la politique.

19 h 45. Avant de regarder le journal de 20 heures pour voir ce que je pourrai réutiliser le soir même, j'avale un œuf mayo et un steak frites à la cantine de TF1 et je remonte.

21 heures : dans le silence quasi total de la rédaction déjà déserte, nous construisons le « conducteur » du journal de ce soir, autrement dit le document qui liste tous les sujets dans leur ordre de diffusion. « Nous », ce sont trois personnes : le chef d'édition – chargé

d'établir la jonction entre l'aspect journalistique et la technique –, une secrétaire et moi. Ambiance studieuse. Lumières tamisées. Très tard, après avoir dicté mes textes de lancement, petit coup de maquillage obligatoire pour passer à l'antenne, et j'entre en studio.

Avec parfois, à l'issue du journal, des rencontres insolites.

Un jour, je demande à Léon Zitrone un commentaire sur des images des championnats du monde de patinage artistique. Je sais parfaitement comment fonctionne ce genre d'exercice : le commentateur regarde les images dans l'après-midi, rédige son texte et l'enregistre au moment le plus commode pour lui, avant d'aller dîner. Salut Pernaut, bonne soirée !

Ce soir-là, comme d'habitude, je suis en studio pour présenter le 23 heures. Le sujet sur le patinage artistique est diffusé. Je le vois se dérouler sous mes yeux, comme j'ai vu les reportages précédents, me délectant, comme toujours, de la voix de Zitrone... Le journal terminé, j'emprunte le couloir pour regagner mon bureau. Et là, surprise, je me trouve nez à nez avec le grand bonhomme en personne, sortant d'une cabine de commentaires. Stupéfait, je le salue. Je comprends alors que, contrairement aux habitudes de bon nombre de journalistes, même plus jeunes, il est venu exprès à 23 heures et des poussières pour *une* minute de commentaire en *live* sur des images. Chapeau,

M. Zitrone ! Quel professionnalisme, même si, par ailleurs, vous aviez un caractère insupportable...

*
* *

Le JT de fin de soirée, c'est bien. Mais pour montrer ce que je sais faire, il en faut plus. Quelque temps après mon arrivée au 23 heures, je saisis une nouvelle opportunité.

Depuis longtemps, les JT sont tous structurés avec leur moment de « nouvelles brèves ». Ainsi, au 20 heures, Jean-Claude Narcy est le « bréviste » de Roger Gicquel. Michel Denisot et Claude Pierrard, eux, travaillent avec Yves Mourousi. Il n'y a pas encore de bréviste le week-end et Jean-Claude Bourret me demande de créer cette rubrique à ses côtés. J'accepte, bien sûr, même si je dois désormais travailler sept jours sur sept. Je recherche, rédige, présente trois minutes d'informations à 20 heures le samedi et le dimanche. Pour évoluer, il faut bosser au maximum. Je ne suis pas à un sacrifice près et Dominique, mon épouse, a bien compris l'enjeu.

Et c'est pendant un de ces week-ends que je participe au premier journal télévisé de TF1 en couleurs, le 20 décembre 1975. Je n'y suis pour rien mais c'est la première révolution à laquelle j'assiste dans l'audiovisuel.

– VI –

AVEC MOUROUSI

Personne n'oubliera jamais sa voix éraillée et son tonitruant « bonjour » lancé quotidiennement à l'antenne de TF1 treize années durant. Un journaliste hors du commun dont les téléspectateurs découvrent pour la première fois le visage le 6 janvier 1975 à 13 heures. Yves Mourousi n'a que trente-trois ans. Déjà célèbre à la radio, il bouscule en quelques jours les habitudes respectueuses et compassées du journal télévisé. Ses manières commencent par choquer les habitués du « Madame, mademoiselle, monsieur ». Et quand, quelques années plus tard, on le verra s'asseoir très irrespectueusement sur le bureau du président de la République, toute la France sera ébahie par son culot. Il choque mais il est sympathique. Le public l'adore et qu'importe la manière, il invente un journal télévisé moderne.

Et c'est avec ce présentateur et chef d'équipe extraordinaire que je vais avoir la chance de travailler !

À la fin de 1978, ses deux acolytes Michel Denisot et Claude Pierrard le quittent. Notre rédacteur en chef Christian Bernadac me propose de le rejoindre. C'est une opportunité fantastique pour moi de seconder celui qui s'est déjà fait, en trois petites années d'antenne, l'image d'un « monstre sacré » de l'audiovisuel.

Adieu au journal de la nuit, bonjour le changement ! Le couche-tard que je suis depuis trois ans, vu le journal de 23 heures, va devoir se lever à l'aube. J'abandonne mon petit bureau pour m'installer dans le saint des saints, l'espace transformé par Mourousi en une sorte de village de Gaulois isolé du reste de la rédaction.

Car ce bonhomme aux petites lunettes cerclées est un indépendant et son assurance permanente impressionne tout le monde. Une assurance qui lui permettra, au fil du temps, de bouleverser, de révolutionner l'univers des journaux télévisés. Pour moi, il y a un « avant-Mourousi » – le présentateur-homme-tronc-immobile, les yeux rivés sur son téléprompteur –, et un « après-Mourousi ». Il bouge sur son plateau, il se lève, il va d'un invité à un autre, il improvise presque tout ce qu'il dit, et surtout, il est le premier à vouloir sortir du studio. Le cinéma a eu sa nouvelle vague. La télé aura son Mourousi !

Avant lui, le 13 heures n'était qu'une petite édition où l'on se contentait de résumer les nouvelles de la nuit. Peu d'images, la plupart des reporters travaillant en priorité pour la « grand-messe » du soir. L'éclatement de l'ORTF n'y avait rien changé mais Yves ne l'entendait pas de cette oreille. Pas de moyens ? Qu'à cela ne tienne, il fera venir des invités. Des hommes politiques, des vedettes de la chanson, de la danse ou du théâtre. Il adore les mettre sur le gril, en direct bien sûr.

Et surtout, il a envie de bouleverser les habitudes en montant des « coups » journalistiques et techniques. Sortir le JT de la rue Cognacq-Jay. Je me souviendrai toute ma vie de son « Bonjour » en direct de la place Tian'anmen. « Bonjour, ici Pékin » !

Saisissant l'occasion d'un voyage présidentiel de Valéry Giscard d'Estaing en Chine, toute l'équipe du 13 heures s'était mobilisée pendant des mois pour préparer ce journal exceptionnel. À l'époque, les moyens techniques n'étaient pas ce qu'ils sont aujourd'hui et la Chine, toujours très fermée au monde extérieur, sortait à peine des « années Mao ».

– Giscard va à Pékin. On y va aussi ! Au boulot ! avait lancé le boss.

Il était comme ça, le patron... Et je me rappellerai toujours la tête de notre rédacteur en chef du 13 heures, Claude Lagaillarde, un grand type aux cheveux grisonnants, l'ancien et le plus expérimenté de la bande, à cet instant précis. Éberlué, mais heureux de pouvoir monter une telle opération. Un pari technique complètement fou que relèvera brillamment le responsable technique de l'information à TF1, Jacky Duthier. Pour lui comme pour Mourousi, rien n'était a priori impossible...

Dès lors, le journal télévisé s'ouvre au monde. Qu'importent les coûts faramineux de telles opérations, Yves va multiplier ces « directs » aux quatre coins de la planète avec la complicité de ses deux réalisateurs, Marcel Fagès et Jean-Claude Delannoy, bientôt rejoints par Jean-Pierre Janiaud qui restera, des années plus tard, à mes côtés, l'un des piliers du 13 heures façon Pernaut...

« Bonjour ! » À Pékin, à Moscou, à Washington, dans un sous-marin en plongée, sur un porte-avions, dans un bloc opératoire ou une centrale nucléaire. Les spéciales du 13 heures s'enchaînent à un rythme effréné... Et le public suit. Enchanté de voir son présentateur aux côtés des plus grands de ce monde et leur parlant avec un naturel – et parfois aussi un culot – étonnant.

Pour ma part, je suis particulièrement fier d'arriver dans son équipe. Fier et très privilégié de pouvoir intégrer la bande d'un journaliste aussi remarquable. Une équipe solide, fidèle, efficace et battante dirigée par Claude Lagaillarde dont la voix forte résonne dans les Interphones de la maison, à chaque fois, comme une sorte de coup de tonnerre. Lorsque Claude exige quelque chose, on ne se pose pas de question, on le fait. Pourtant, sa gentillesse est exceptionnelle. Pendant mes deux années au 13 heures, il m'aidera énormément, aussi bien dans le choix quotidien des infos du journal que dans la rédaction de mes textes.

Avec eux, je me sens très vite comme un poisson dans l'eau. Un petit monde à part, protégé par son chef, un État dans l'État. Personne dans la chaîne n'ose remettre en cause les décisions du duo de choc Mourousi-Lagaillarde. En clair, Yves fait ce qu'il veut. Jamais un présentateur de télévision n'a joui d'une telle liberté. Et j'apprécie. Je m'aperçois aussi encore une fois – Henri Sannier avait été pour moi un maître en la matière – que pour qu'un journal fonctionne, il faut une équipe et un animateur, un chef qui sait écouter mais qui sait surtout décider en faisant adhérer les autres à ses choix. Yves a ce don.

Jour après jour, je ressens pour lui une admiration sans bornes et pourtant, tout devrait nous opposer. Mourousi est parisien dans l'âme alors que mon cœur bat pour ma bonne ville d'Amiens. C'est un couche-tard passionné de sorties, de dîners, de raouts mondains et de paillettes ; de mon côté, je préfère de tranquilles soirées « cheminée » avec ma femme et quelques copains d'enfance. Ce noctambule adore fréquenter les hommes de pouvoir et les « vedettes » ; le père tranquille que je suis n'aime que les « vrais gens » comme je les appelle, et notamment les anciens de mon village qui m'apprennent tant de choses sur la vie. En deux ans avec Mourousi, je ne partagerai qu'une seule soirée avec lui et, bien sûr, toute sa bande, dans un club branché. Je ne m'y suis pas vraiment senti à l'aise.

Tout nous oppose donc sauf une chose : la passion de notre métier. Et tous les jours, j'apprends. Yves m'épate totalement.

Ainsi, chaque matin j'arrive vers 7 h 30 au bureau pour éplucher la presse quotidienne et les dépêches, et pour écouter les radios afin d'y puiser quelques idées de sujets. Une bonne heure plus tard, tous les jours, j'appelle Yves. Il se réveille à peine et pourtant, chaque fois, je dégringole de mon petit piédestal de journaliste consciencieux : il sait déjà tout ! L'info, à cette époque, c'est le Tout-Paris qui la fait. Et Yves en fait partie. L'actualité est parisienne, venant d'un petit monde de décideurs (ou de bateleurs) qui se côtoient en permanence. Mourousi a rencontré l'un d'eux dans un cocktail, dîné avec un autre, croisé un troisième dans une fête nocturne. Il les a invités au journal du lendemain. Il a ses contacts, ses réseaux, ses habitudes et ses informateurs. Yves est au cœur de la toute-puissance médiatique du Tout-Paris !

Quand je le réveille, il sait donc tout. Et il a décidé de tout.

J'admire et pourtant, je pense que tout cela devra changer. Un jour, le journal télévisé devra forcément refléter davantage la vie réelle des Français... Celle d'Yves est tellement éloignée de la mienne ! Je n'imagine pourtant pas une seconde, à l'époque, que j'aurai dans quelques années l'occasion de réaliser ce vœu.

Pour l'heure, les invités se succèdent sur le plateau de Cognacq-Jay. Mourousi virevolte au milieu de ces personnages parfois prestigieux avec une apparente familiarité, parfois avec désinvolture. Trop, peut-être. Il improvise, il joue avec l'image, avec les mots. Les opérations spéciales se succèdent. Là aussi, il impressionne par sa décontraction. Il a compris que rien n'empêchait un JT de qualité d'être aussi un spectacle...

Quant à moi, mon rôle se cantonne à donner des infos, à lancer quelques reportages. Quinze minutes d'antenne quotidiennes. Un travail rigoureux, mais rien de très spectaculaire. Sauf quand Mourousi, toujours détendu et espiègle, se met par exemple à me lancer de derrière la caméra quelques flèches en caoutchouc avec un petit arc d'Indien arrivé là je ne sais pas comment. Ce jour-là, j'ignore comment j'ai pu faire pour garder mon sérieux. Pendant que je parlais en lisant mon prompteur, quelques téléspectateurs ont peut-être été surpris de me voir me dandiner, un coup à gauche, un coup à droite. C'était pour éviter les flèches !

Et tous les jours, le journal dure... le temps qu'il faut ! Plus d'une heure, parfois, au lieu des quarante minutes prévues. Mourousi rend l'antenne... quand il a fini. Et tous les jours, la chaîne s'adapte.

Les choses ont bien changé... Aujourd'hui, un tel fonctionnement est devenu impossible. Quand on dit quarante minutes, ce doit être quarante minutes, pas une de plus ni de moins. Sauf en cas d'événement grave, bien sûr.

Yves, lui, agit à sa guise et on le laisse faire car il a un talent fou et un formidable « flair » journalistique. Jamais je ne l'ai vu se tromper ou sous-estimer une information !

C'est ce grand pro que, en juillet 1980, j'ai la chance de pouvoir remplacer pendant ses vacances. Seul aux commandes du 13 heures ! À la même date, Dominique Baudis remplace Roger Gicquel au journal de 20 heures [1].

Vers la fin du mois, un grand hebdomadaire de télé, s'extasiant sur nos prestations, demande à ses lecteurs « si les JT ne sont pas au moins aussi bons avec les remplaçants qu'avec les titulaires ». L'article m'amuse. Une boutade... Et je m'empresse de le découper pour l'envoyer aussitôt par la poste à Mourousi avec ce petit mot en guise de clin d'œil : « Dépêche-toi de revenir ! »

En août, c'est à mon tour de partir en vacances. Je m'en souviens, je suis allé en Corse. Et je reviens tout bronzé le premier lundi de septembre, à 7 h 30 comme d'habitude.

Avant même que j'arrive à mon bureau, la secrétaire du directeur de l'information, Henri Marque, m'appelle.

– Henri veut te voir tout de suite. Vas-y. Il est déjà arrivé...

Jamais je n'aurais pu imaginer ce qu'il allait m'annoncer.

– Euh, Jean-Pierre... Il faut que je te dise... Voilà.

1. Dominique Baudis changera de métier quelques années plus tard pour devenir maire de Toulouse avant de revenir à la télé... comme président du Conseil supérieur de l'audiovisuel.

Mourousi veut changer sa formule. Désormais, il présentera seul son journal.

Patatras. Je suis trop surpris pour répondre quoi que ce soit. Et Henri Marque de poursuivre :

– Donc, tu arrêtes la présentation mais tu choisis toi-même dans quel service de reportages tu veux que je t'affecte. Et en plus, je te nomme « grand reporter »...

Un lot de consolation ?

*

* *

Cinq ans de présentation : terminé ! Une question me hante aussitôt : vais-je encore savoir faire ce métier trépidant de reporter que j'ai finalement bien peu exercé depuis mes débuts ? Mais je n'ai pas le choix, sauf celui du service. Ce sera l'économie, alors dirigée à TF1 par un autre très grand bonhomme, Emmanuel de La Taille.

En même temps, je redescends brutalement du petit nuage rose sur lequel je planais depuis cinq ans. Dans les jours qui suivent mon « éviction », l'atmosphère change autour de moi. Quand je croise des confrères dans un couloir, bizarrement, les têtes se détournent. À peine bonjour ! L'indifférence. Où sont-ils, les flatteurs qui me cherchaient il y a moins d'un mois pour me féliciter du journal de la veille et qui me disaient que j'étais le meilleur ? Où sont les sourires de ceux qui, après m'avoir congratulé, me demandaient des faveurs ?

– Jean-Pierre, pourrais-tu convaincre Mourousi d'accepter ma proposition de reportage au pôle Sud ?

Ben voyons ! Je ne tombais pas dans leurs pièges mais je croyais à leur « amitié ». Elle a bien disparu. Une belle leçon de vie... et de relations humaines. Jamais je ne l'oublierai. Jamais non plus je n'oublierai ceux qui sont restés mes amis.

Bref, je reviens brutalement dans un monde réel.

Finie donc pour moi la fonction de présentateur à laquelle tant de journalistes rêvent. Des présentateurs flattés, invités partout, vénérés par certains voire adulés par d'autres... Jamais je n'ai été dupe. Présentateur de télé, ce n'est pas si sorcier ! Un médecin comme mon frère, une institutrice comme ma grand-mère ont bien plus de mérite. Et de toute façon, dans le travail comme dans la vie – ça, ce sont mes parents qui me l'ont appris –, ce qui compte, c'est l'honnêteté et le courage. Le reste n'est que leurre pailleté. Jamais je ne remercierai assez mon entourage familial et mes « vrais » amis de m'avoir préservé de la tentation... Et si par hasard je n'avais pas gardé les pieds sur terre, ce départ soudain du journal de Mourousi aurait vite remis les choses en place !

Pourtant, Dieu sait si les tentations de déconnecter de la réalité sont nombreuses, dans cette profession. La notoriété obligatoire des présentateurs de télévision fausse bien souvent le regard qu'on porte sur les gens et, surtout, le regard qu'ils portent sur nous...

J'ai toujours eu du mal à m'y habituer et à en prendre conscience. Aujourd'hui encore, malgré toutes ces années, je continue à me présenter quand je rencontre quelqu'un.

– Bonjour, Jean-Pierre Pernaut.

Cela fait sourire mon entourage car, quatre-vingt-dix-neuf fois sur cent, la personne sait déjà qui je suis, bien sûr. Ma naïveté (ou ma simplicité ?) étonne toujours ma famille et mes amis. Quand j'entre dans un magasin, je suis souvent accueilli comme un prince et je m'extasie sur la gentillesse des vendeurs. Et mes proches de m'expliquer qu'avec d'autres que moi, les mêmes vendeurs se montrent souvent beaucoup moins agréables...

Je me souviens d'un jour où ma compagne achetait un rôti dans la boucherie d'un marché couvert de la région parisienne pendant que je flânais autour d'autres étals. À un moment donné, je la rejoins et, tout naturellement, je pose la main sur son épaule. Le boucher aussitôt s'écrie :

– Ah ! C'est pour vous, le rôti ! Attendez, je ne vais pas vous donner celui-là, je vais en chercher un meilleur...

Pas le temps de protester. Nous nous sommes regardés stupéfaits et inutile de dire que nous avons changé de boucherie ! Une réaction ahurissante de la part de ce commerçant. Parce que je passe dans le poste, j'aurais droit au meilleur ? C'est idiot. Certains trouvent pourtant ça normal. Ils ne devraient pas... Pour ma part, je sais à quel point la notoriété peut disparaître du jour au lendemain – ou presque. Si l'on s'est habitué à tous ces avantages « parallèles », on risque de tomber de haut...

À l'époque, cependant, mon premier souci est de garder la tête sur les épaules et de ne pas sombrer dans l'amertume. J'ai quand même bien du mal à admettre mon départ du JT de Mourousi. Mais au fil des jours, je comprends qu'Yves veuille transformer son journal et « reprendre la main », en se donnant une image plus sérieuse. Cela ne durera que quelques mois car le noctambule a du mal à changer son rythme de vie. Il faut bien qu'à ses côtés quelqu'un prépare le travail en arrivant très tôt au bureau. Ce sera Marie-Laure Augry. Elle restera à ses côtés pendant huit ans et ils formeront un duo dont la complicité ne sera jamais mise en défaut.

Pour ma part, avec le recul des années, passés le choc brutal d'un changement de métier, la crainte de ne pas pouvoir assumer pleinement mes nouvelles fonctions et les bouleversements dans mon emploi du temps et ma vie familiale, je ne garde pour Mourousi que de la reconnaissance. Avoir travaillé avec un journaliste aussi étonnant m'a permis d'acquérir une vraie expérience qui me servira, plus tard, quand le hasard de la vie me fera prendre sa place au 13 heures. Se constituer une petite équipe solide, savoir improviser, réagir sans faiblir face aux événements de l'actualité, avoir du « pif » sur l'importance des choses, savoir se remettre en cause pour rester le meilleur, motiver les gens et communiquer son énergie et son enthousiasme : tout cela, c'est Yves qui me l'a appris.

– VII –

LES ANNÉES REPORTAGES

Nommé « grand reporter » ! C'est pour mieux faire passer la pilule, bien sûr. Et puis qu'est-ce que c'est que cette histoire de « grand » reporter ? Comme s'il y en avait des « petits »... Absurde !

Le rêve de nombreux journalistes, leur consécration en quelque sorte, est de se retrouver un jour présentateur. Moi, j'en viens. Pour autant, je n'ai pas l'impression de déchoir, et, je le répète, j'aurais même plutôt peur de ne pas être à la hauteur de mon nouvel emploi. Alors je décide de me donner à fond, de faire face. À la direction du service économique, Emmanuel de La Taille m'a accueilli à bras ouverts, mais il a compris que je me sentais un peu mal à l'aise. Pour m'encourager, il me nomme chef de la rubrique « Industrie ».

À l'époque on s'intéresse à la vie des entreprises, et dès les premiers jours Emmanuel de La Taille me propose de partir au Brésil. On attend en effet la visite en France du président brésilien, João Baptista de Oliveira Figueiredo [1], et l'on m'envoie « en éclaireur » dans son pays. Mission : en un mois, recueillir autant d'images que possible sur la présence française là-bas, les enjeux économiques et les liens entre les deux nations. Je dois travailler sur place avec un vieux copain, Philippe Vieillescaze, un Français, ancien cameraman à TF1 installé à Rio. Il connaît parfaitement le Brésil et tout le continent sud-américain.

Problème : je dois « m'envoler » vers cette destination. Or, je l'ai dit, depuis la catastrophe d'Ermenonville, la simple idée de mettre les pieds dans un avion me glace d'effroi. Et quand je prépare le programme sur place, je m'aperçois que tous les déplacements se feront par ce moyen de transport ! Les distances sont telles, dans cet immense pays... Brasilia, le barrage d'Itaipu, Porto Alegre, São Paulo, Rio de Janeiro... Je me garde d'avouer ma peur à mes collègues...

Il n'empêche que, dans la carlingue qui m'emporte vers le Brésil, je n'en mène pas large.

Philippe vient me chercher à l'aéroport. J'en sors avec trois petits papiers glissés dans la poche de ma chemisette : des numéros de téléphone que m'ont griffonnés

1. Président de 1979 à 1985. Après lui, le Brésil retrouvera sa vocation démocratique.

deux hôtesses de l'air et une jolie hôtesse du comptoir d'Air France. À Rio, visiblement, les Français ont la cote. D'ailleurs, Philippe est tout sourire. Il est grand, blond aux yeux bleus, ouvert, relax, le genre de type qu'on doit beaucoup apprécier dans ce pays. À Rio, tout de suite dans le bain, je fais un premier tournage sur le contraste saisissant entre l'apparente joie de vivre des superbes créatures qui évoluent sur la célèbre plage de Copacabana et la misère des favelas.

En arrivant à Brasilia, je suis déjà un peu acclimaté. La capitale, certes une merveille architecturale, n'est pas ma tasse de thé. Des avenues désertes plus larges que les Champs-Élysées, des immeubles froids et énormes. Ce sont les bâtiments des ministères. Au bout de la plus grande des avenues, un palais de marbre blanc : la résidence présidentielle.

La veille, Philippe m'avait lancé :

– Si on allait interviewer le président ?

– On ne peut pas, voyons ! lui avais-je répondu. Il nous faudrait des contacts, ou au moins, téléphoner à l'ambassade...

Mais à l'ambassade, il n'est pas question de nous aider. Aucun reportage n'a été prévu avec le président. Ce sera pour plus tard, en France...

– Ne t'en fais pas, j'ai ma petite idée, dit le cameraman d'un air mystérieux.

Et le voilà qui m'entraîne, en voiture, vers le palais

présidentiel. Nous garons notre véhicule juste devant et sortons. Philippe va raconter je ne sais quoi au policier en faction, et nous pénétrons dans le bâtiment. Là, mon ami se dirige vers une petite porte latérale qu'il ouvre sans façon, comme s'il y venait tous les jours, et nous nous retrouvons tout à coup au beau milieu d'un immense secrétariat. En nous voyant, la moitié de la cinquantaine de jeunes femmes présentes se lève et vient vers nous. Enfin, vers Philippe ! Aux cris de « Oh ! Felipe ! Felipe ! ». Elles sont, ma foi, très jolies. Philippe en prend une à part et commence à lui parler à mi-voix.

Sans doute n'a-t-elle pas résisté à son doux murmure : dix minutes plus tard, le président nous reçoit dans son bureau. Je n'en reviens pas... Philippe servant d'interprète, j'interviewe alors Figueiredo. Bizarrement j'ai l'impression de comprendre tout ce qu'il me dit alors que je ne connais pas un mot de portugais. Moment magique !

En sortant, je jette un regard en coin à mon ami, et celui-ci me décoche un large sourire.

Par la suite, nous sillonnons le sud du Brésil, où la plus grande centrale hydroélectrique du monde est en pleine construction. Les turbines sont françaises. Nous interviewons les ingénieurs et filmons avec admiration cet ouvrage unique, aussi haut qu'un immeuble de cent soixante-cinq étages, sur le fleuve Paraná, aux confins du Brésil et du Paraguay[1]. Près du barrage, un village a été bâti de toutes pièces en pleine forêt pour loger des centaines de prostituées, dans le but de « distraire » les ouvriers. La nuit, l'endroit est éclairé de mille lumières, pour donner un air de fête. Mais dans la journée, on déchante. Baraques en bois immondes, saleté, misère. Je suis choqué par tant de tristesse et de pauvreté humaine, dans tous les sens du terme. Je reviendrai ici, un an plus tard, tourner un autre reportage pour « 7 sur 7 ».

Heureusement, quelques kilomètres plus loin, à la frontière argentine, le paysage change : les chutes de l'Iguaçu nous offrent un spectacle inoubliable. Leurs tonnes d'eau se jettent dans un gouffre, et des arcs-en-ciel brillent de toutes leurs couleurs, en permanence. Nous croisons des nuées de touristes éblouis.

Mais l'émerveillement ne dure pas. Nous nous arrêtons maintenant dans une mine où les Charbonnages de France doivent intervenir dans un avenir proche. Pendant que Philippe négocie le tournage, on m'habille d'une combinaison et d'un casque, et en route pour le fond. Un vieil ascenseur ouvert, tout en bois, tout pourri, nous conduit à six cents mètres sous le sol. En sortant de l'ascenseur, nous nous trouvons en face de grandes galeries, où viennent se jeter des boyaux de soixante centimètres de haut sur un mètre de large,

1. Il faudra seize ans (de 1975 à 1991) pour achever cette centrale qui produit 25 % des besoins énergétiques du Brésil et 91 % de ceux du Paraguay. Elle reste à ce jour la plus importante du monde.

garnis de tapis roulants mécaniques qui transportent le minerai jusqu'à l'endroit où nous nous trouvons. On me fait signe de m'engouffrer dans une de ces minigaleries, dont on a arrêté le tapis. Je rampe pendant quelques minutes. Soudain, un étai de bois s'effondre. Heureusement que j'ai un casque ! Je me suis quand même entaillé le haut du nez. Enfin, je me retrouve dans une salle plus vaste.

Ici, on peut se tenir debout. Deux ou trois ouvriers, munis de pelles et de pioches, s'escriment pour arracher le charbon à la terre. Philippe leur pose quelques questions tandis que le flash de la caméra éclaire la scène que nous filmons. Dieu que ces travailleurs des entrailles de la Terre ont l'air triste !

Quand j'émerge des profondeurs de la mine, le visage noir et ensanglanté, je suis revenu de ma frayeur. Mais quelques minutes plus tard, je replonge dans un autre effroi quand Philippe me traduit ce que nous raconte un responsable, le plus tranquillement du monde : il meurt environ dix ouvriers par mois dans ces boyaux qui s'effondrent régulièrement à la suite d'un étai brisé. Combien vaut une vie, dans ces parages ?

C'est cela qui me choque le plus, pas le fait que moi-même j'ai failli y passer. D'ailleurs je n'ai pas le sentiment de m'être beaucoup exposé lors de mes reportages. Bien sûr il y a parfois du danger, mais qu'est-ce qu'une incursion au fond d'une mine à côté du travail des reporters qui risquent vraiment leur vie dans des conflits armés ? Eux sont en vrai péril. Pas moi. Ils ont ça dans le sang. Pas moi. Aujourd'hui des journalistes comme Jean-Pierre About, Catherine Jentile, Marine Jacquemin, Michel Scott, Michel Floquet, Denis Brunetti et quelques autres témoignent de ces conflits. C'est leur mission, mais aussi leur passion, et la prise de risque est leur adrénaline. Pas la mienne. Je les admire d'autant plus.

Pour l'heure, je découvre le reportage par le biais de l'économie. Tout en regrettant, certes, de ne pas disposer de plus de temps pour mieux comprendre le pays que je visite et les gens qui y vivent...

Par ailleurs, nous, les reporters « économiques » jouissons de très agréables avantages. Le soir venu et le travail accompli, nous regagnons de luxueux hôtels et oublions bien vite les difficultés du jour. Paradoxe. Extrêmes. D'incroyables richesses s'opposent à la misère la plus noire... Je me souviens d'une chambre d'hôtel à São Paulo : mon lit ressemblait à une véritable salle de commandes. Un bouton pour régler les stores de la fenêtre, un autre pour la télévision, pour le magnétoscope, le bain, la douche, l'air conditionné, les lumières, leur puissance, la température de l'eau... un vrai joujou ! Je n'avais jamais dormi dans des palaces jusqu'ici, j'en étais éberlué. Je n'avais jamais vu, non plus, autant de pauvreté, j'en demeurais anéanti.

*

* *

À mon retour à TF1, fin 1980, j'apprends qu'Emmanuel de La Taille a été remplacé par Philippe Vasseur.

Un type à l'esprit de synthèse redoutable, doté d'une tendresse particulière pour nous, sa petite équipe de reporters qu'il appelait affectueusement son « tas de cons » !

Et le tas de cons d'obéir, plutôt amusé. Fabuleux animateur et formidable économiste... J'ai bientôt l'occasion de partir avec lui à Montebello, au Canada, pour un sommet des pays industrialisés qui ne m'a pas laissé de souvenir impérissable, si ce n'est l'amitié de mon chef.

Un jour, Philippe m'envoie en Inde, dans un État fermé au tourisme, au sud-est de ce gigantesque pays. Je dois assister à la pose par Indira Gandhi de la première pierre d'une usine d'aluminium, construite par Pechiney-Ugine-Kuhlmann. Un but très précis, un voyage très long, pour, au final, un reportage de quelques minutes. Mais une véritable aventure.

Mon avion atterrit à Bombay. Transport nocturne dans un autre aéroport, vol vers New Delhi et, en arrivant, le choc. Une nuée d'indigents, de lépreux, d'amputés se précipite sur le taxi qui me conduit à l'hôtel. Certains, en haillons, s'accrochent aux portières de la voiture. Cela me rend littéralement malade. Je n'ai jamais vu une telle misère.

L'hôtel est un palace de Delhi. On prend mes bagages, on s'efface devant moi, on me conduit jusqu'à une chambre somptueuse. Je donne un dollar de pourboire au garçon de service. Comment puis-je deviner que cela représente pour lui un mois de salaire ? L'homme se prosterne devant moi, et avant que j'aie le temps de bouger, ou de revenir de ma surprise, il embrasse mes chaussures. Plusieurs jours durant, il dormira à la porte de ma chambre et me sera entièrement dévoué pendant toute la durée de mon séjour. J'ai honte.

Je retrouve enfin Jacky Kargayan, grand journaliste cameraman, déjà en Inde depuis quelques jours pour un autre tournage. Nous franchissons les derniers deux cents kilomètres entre Bhubanesvar et le lieu de l'inauguration, dans un taxi loué pour le trajet. Nous traversons des villages ancestraux, aux maisons parfois montées sur pilotis. Le Moyen Âge... Nous croisons de belles femmes girafes au cou orné de dizaines de colliers en métal qu'elles ne devront surtout jamais enlever sous peine de se fracturer les cervicales. Toute la population est noire. Soudain, j'entends la voix impérieuse de Jacky :

– Stop !

– Pourquoi, stop ? lui demandé-je.

– Regarde ce type, sur le talus...

Mes yeux suivent la direction qu'il a indiquée et découvrent un homme longiligne, très maigre, black, qui se tient sur une seule jambe, comme un flamant, et se protège du soleil sous un vieux parapluie. Une image très forte. Kargayan se met à filmer avec soin cette scène issue d'un autre temps. Il précise :

– Tu verras, quand on sera au montage...

Il n'en dit pas plus, remonte dans la voiture et bientôt, nous gagnons le site reculé, dans les montagnes, où la pose de la première pierre de l'usine doit avoir lieu.

Des milliers d'Indiens ont envahi le site pour tenter d'apercevoir Indira Gandhi. Une fois la cérémonie terminée, j'ai l'honneur de l'approcher, micro à la main. Une femme digne, très droite dans son sari coloré. Pourtant, il émane d'elle une telle gentillesse que j'en suis touché. Quelques mots, un sourire, un remerciement à l'industrie française et la voilà partie.

Nous rentrons à Bhubanesvar dans un hélicoptère de l'armée indienne. Le « flip-flop » des pales me donne l'impression que nous allons nous écraser d'une minute à l'autre mais nous arrivons sans encombre...

De retour à TF1, dans la salle de montage, Jacky m'accompagne et insiste pour placer l'image du type au parapluie en début et en fin de reportage. Kargayan m'explique :

– Ce bonhomme, tu vois, c'est le lien entre le Moyen Âge et la modernité de ton usine. Tu remarques quelque chose ?

Effectivement, l'homme se tenait juste sous une ligne électrique, et je ne l'avais pas vu. À chacun son métier.

*
* *

Et les reportages s'enchaînent...

Je me souviens par exemple d'une longue mission d'un mois au Japon. Chez Nissan, avec sa robotisation avancée, mais également chez des fournisseurs moins glorieux, dans la banlieue de Tokyo. En contrepoint, le fin fond de la campagne, que je ne trouve pas plus moderne que la nôtre. Tokyo, le Shinkansen (le TGV nippon), le Fuji-Yama et Kyoto, la ville impériale épargnée par la guerre, parée de cerisiers en fleurs. Enfin, de bizarres « grévistes » : ils se contentent de porter un brassard en signe de protestation, et travaillent toujours autant si ce n'est plus... Drôle de pays, où les grèves n'en sont pas ! Un syndicalisme intelligent ? En tout cas, je m'y sens bien.

Durant cette période, je découvre un cameraman d'exception, Alain Darchy. Un géant de plus d'un mètre quatre-vingt-dix au talent exceptionnel. Un ancien baroudeur, spécialiste de l'image aéronautique. Par la suite, il deviendra l'un des piliers de « mon » 13 heures, fabriquant certaines des plus belles images du journal sur le patrimoine des régions.

Notre première expérience de travail commune se déroulera dans une usine abandonnée, à Longwy...

On m'a associé au grand Darchy et je suis un peu intimidé à cause de sa formidable réputation. Lui, de son côté, m'aime bien, mais ne me le dira que des années plus tard.

Devant les restes de l'usine, je marche de long en large, réfléchissant à la manière dont je vais construire ce reportage. À un moment, je m'accroupis près des vieux rails rouillés envahis d'herbes folles, et suis frappé par l'intérêt de cette vision. Je hâte le pas vers le cameraman :

– Alain, accroupi au-dessus des rails, là-bas, le plan est génial !

Crime de lèse-majesté. La réponse fuse :

– Occupe-toi de ton stylo et laisse-moi faire mes images !

Ça, c'est mon souvenir.

Celui du grand Darchy est différent. Il aurait répondu :

– Tu me dis ce que tu veux faire passer, et je le mets en image.

Quelle que soit la bonne version, une amitié de vingt ans est née...

*
* *

Tant de bons moments restent ancrés dans ma mémoire... Pourtant, je ne passe pas tout mon temps en voyage, loin de là.

En 1980, la famille a déménagé. Entre mes déboires au JT et un hold-up dans la banque où travaillait Dominique, nous avions besoin de retrouver nos racines. Nous avons donc regagné Amiens, où habitent tous les nôtres. Cela compense un peu mes absences. En 1981, mon fils Olivier voit le jour dans notre ville. Moment de joie, intense plaisir d'assister à l'événement, comme je l'avais fait pour sa sœur et le ferai, plus tard, pour Lou et Tom. Malheureusement je n'ai pas été souvent là pour voir mes premiers enfants grandir, et je le regrette aujourd'hui. Mais comment agir autrement, dans une profession pareille ? Même quand je ne suis pas en train de faire ou de défaire mes valises, mon quotidien ne m'autorise pas à rester près des miens. Je quitte le nid familial vers 6 heures du matin. Deux heures plus tard, entre bus, train et métro, j'arrive au bureau. Retour prévu à la maison : 21 heures. Ce métier me prend toute mon énergie et je ne remercierai jamais assez Dominique de l'avoir accepté.

– VIII –

LA CHASSE AUX SORCIÈRES

Un hôtel de luxe en Corse au bord d'une piscine. Devant moi, une estrade bordée de trois panneaux recouverts de ridicules rideaux de velours rouge, de façon à former comme une scène de théâtre. Au centre de la « scène », deux fauteuils dorés style Louis XIV. Le tout cache une vue splendide : la grande bleue sous un soleil couchant orange. Une vue qui ravirait certainement des millions de téléspectateurs, sans parler du public présent sur la centaine de chaises disposées devant le théâtre improvisé. Sans oublier non plus le président Giscard d'Estaing, à qui toute cette comédie est dédiée. C'est lui qui, dans un moment, va s'asseoir avec son épouse sur ces chaises stupides, au milieu de cette estrade extravagante, pour prononcer un discours devant des élus locaux.

Je ne peux m'empêcher d'imaginer une tout autre ambiance pour le président qui a apporté tant de modernité à notre pays. Des chaises pliantes, un moment décontracté, informel. Et la mer, au fond, comme un horizon ouvert et infini... D'ailleurs, c'est ce que nous finissons par obtenir, mes copains journalistes et moi, de ceux qui ont organisé cette mascarade.

Car j'aime bien le bonhomme et j'apprécie le vent qu'il a fait souffler sur la France pendant les sept dernières années. C'est pourquoi, lorsqu'on m'a demandé si je voulais bien suivre sa campagne, j'ai dit oui. Il faut reconnaître qu'ils n'étaient pas nombreux, les candidats à cette mission. Tous ceux du service politique, en tout cas, s'étaient défilés. Alors on s'est adressé au service économique !

On donne VGE perdant, voilà pourquoi personne ne semble vouloir assurer la couverture de sa campagne électorale. Moi, ça m'est égal, les mauvais sondages. D'abord, je ne fais pas de politique. Ensuite, je suis journaliste, et non faire-valoir. D'ailleurs, je ne suis pas seul dans l'aventure. Une bonne soixantaine de reporters de tous bords et de tous supports s'engouffrent presque chaque jour dans l'avion et les bus mis à leur disposition. On trouve aussi bien *Paris Match* que *L'Humanité*, RTL que TF1. Le candidat est un président sortant, ne l'oublions pas.

Et nous voilà partis pour un périple de quelques semaines. Jean-Claude Odin, un cameraman athlétique (il a gravi l'Everest avec Christian Brincourt en 1975), m'accompagne. Il est sympathique, très grand et noir : on le repère de loin. Ainsi, VGE sait toujours où trouver TF1 !

Les images de cette campagne resteront longtemps pour moi un symbole : celui d'un homme que l'on a trimbalé de ville en ville avec une mise en scène digne des *Rois maudits*. Un candidat à qui son entourage a caché l'état véritable de l'opinion, et qui s'est pris la plus grande claque de sa vie. Sans sommation. L'accordéoniste en col roulé qui, après la rigueur gaullienne et la raideur pompidolienne, avait cru pouvoir créer un peu de proximité allait se retrouver seul...

Même sensation lors d'un meeting, je crois que c'était au parc des Expositions de Lyon. Un lieu gigantesque, dont seulement la moitié est réservée au public. Derrière la scène, sur une dalle face à un mur de béton, on a dressé une sorte de tente, véritable réminiscence du règne de Napoléon, garnie de tapis rouges, d'une table et de chaises ouvragées. Non loin, le buffet pour les journalistes. Pendant que nous dévorons à belles dents quelques sandwichs, on sert le roi, pardon, VGE (accompagné d'Anne-Aymone), dans de la vaisselle en provenance de l'Élysée. Et je me pose la vraie question : ne seraient-ils pas mieux avec nous ? Seraient-ils sacrés, ou bien anormaux, pestiférés, ou que sais-je encore ? Non, on les a tout simplement coupés des réalités. Et se laisser couper des réalités est chose facile, j'aurai l'occasion de m'en apercevoir un jour...

Je prends des notes à chaque meeting. Je compte aussi les chaises occupées, inlassablement, pour savoir avec précision combien de personnes assistent à ces réunions. Comment se fier à un service de presse qui annonce souvent des chiffres de participation plus élevés qu'ils ne le sont ? Parfois, je demande aux manutentionnaires de me renseigner. Eux savent, à la chaise près. Bref, ce n'est pas parce j'apprécie le personnage que je ne fais pas mon travail avec rigueur. J'aime trop mon indépendance. Et surtout, mon métier.

VGE aussi. Je m'en aperçois un jour. Nous sommes en train de prendre un pot, les journalistes et lui. J'ai alors la surprise de l'entendre m'adresser la parole, de son ton inimitable :

– Monsieur Pernaut, vous avez changé de cravate, aujourd'hui. Je préférais celle d'hier, le bleu vous va mieux...

Médusé ! Quel sens de l'observation et des détails... En pleine campagne électorale !

*
* *

10 mai 1981, mairie de Chamalières[1], fin d'après-midi. Petite pluie fine à l'extérieur, gros moyens SFP à l'intérieur en cas de réélection. On ne sait jamais. La foule habituelle des journalistes, en attente sur les lieux, créée une sorte de brouhaha dans la salle communale.

18 heures. Tout le monde est aux aguets. La nouvelle tombe des instituts de sondage : VGE est donné perdant. Instantanément, c'est la cohue. La plupart des journalistes se lèvent comme un seul homme et demandent au service de presse que l'on fasse décoller l'avion

1. Village du Puy-de-Dôme, « fief » électoral de VGE.

à leur disposition. Direction : Paris. Plus précisément, la rue de Solférino[1], où la fête va bientôt battre son plein et où il sera de bon ton de se montrer aux nouveaux dirigeants du pays.

19 h 30. Nous ne sommes désormais plus que quatre journalistes à couvrir l'événement. Dans tous les cas, je dois assurer le direct de ce soir.

20 heures moins deux minutes. Patrice Duhamel, qui présente la grande soirée électorale rue Cognacq-Jay, me passe l'antenne.

– Jean-Pierre Pernaut, en direct de Chamalières. Alors Jean-Pierre, quelle est l'ambiance en attendant les résultats ?

J'apparais sur l'écran, sous un parapluie, en face de la mairie terne et désertée, désespérément seul. Je réponds :

– Eh bien, Patrice, on ne peut pas dire qu'il y ait vraiment de l'ambiance...

– Merci Jean-Pierre, se hâte de terminer Patrice. Nous reviendrons vers vous plus tard...

Et, se tournant vers la caméra, il enchaîne :

– Maintenant nous allons faire un tour à Château-Chinon[2], où se trouve Alain Denvers... Alors Alain, comment ça va, chez vous ?

Sur mon écran de contrôle, perdu dans la grisaille du

1. QG du Parti socialiste à Paris.

2. Fief de François Mitterrand, élu maire de Château-Chinon (Nièvre) en 1946, date qui marque les débuts de sa carrière politique. C'est là qu'il attend le résultat de cette élection.

Massif central, je peux voir ce que la caméra montre à des millions de téléspectateurs : des centaines de gens font la fête, cotillons, trompettes, bouteilles de champagne, la foule en délire applaudit, siffle, manifeste sa joie. Même chose, quelques secondes plus tard, avec Bruno Masure en direct du siège du PS, rue de Solférino. Duhamel a beau préciser que le résultat ne sera connu que dans quelques minutes, il est évident que tout le monde a déjà compris.

20 heures. La tête de François Mitterrand s'affiche plein écran. À partir de ce moment, on ne me donnera plus une seule fois l'antenne. Prélude à ce qui va se passer pour moi par la suite ?

Mon équipe et moi-même nous sommes réfugiés à l'intérieur de la mairie. Nous mangeons des sandwichs en regardant la suite de la soirée électorale, assis sur des bancs, isolés. De temps en temps, l'un de nous place un morceau de bois dans le poêle, histoire de nous réchauffer. Il fait frisquet ce soir-là. La foule en délire dans les rues de Paris, la fête rue de Solférino, la liesse à la Bastille, nous ne manquons pas une image.

23 h 30. Timidement, le maire s'avance dans la pièce :

– Excusez-moi ! J'aimerais bien pouvoir fermer la mairie.

Nous levons le camp et regagnons Clermont-Ferrand, où la même foule se presse sur notre chemin : voitures, klaxons, drapeaux rouges. Certains chantent *L'Internationale*.

Le lendemain, nous nous retrouvons, les trois mêmes confrères et moi, à la porte de la propriété de Valéry Giscard d'Estaing. Son chauffeur vient à notre rencontre et marque un temps d'arrêt. Où est passée la meute de journalistes dont il a l'habitude ? Il annonce cependant :

– Le président va sortir.

VGE apparaît au volant de sa voiture. Il s'arrête à notre hauteur. Je ne me souviens plus des mots qu'il prononce à notre intention, mais à cet instant, en le voyant si sombre, si « anonyme », je me fais cette réflexion : tout président qu'il est, à partir du moment où il a perdu, il n'existe plus. Du moins aux yeux de la presse... Je trouve cela très cruel[1].

En fin de matinée, nous prenons la route de Paris.

À TF1, l'ambiance, elle aussi, a changé.

*

* *

Après l'élection de François Mitterrand, beaucoup de journalistes se félicitent ouvertement de cette victoire. Pas moi. Il me semble plus conforme à mon éthique d'adopter une attitude de réserve. Commenter, synthétiser, informer, telle est ma tâche. Juger, ce n'est pas mon métier.

---

1. Deux ans plus tard, une fois sa défaite digérée, VGE se présentera en bas de l'échelle politique, aux élections cantonales. Un courage salué par les Japonais, mais passé sous silence en France.

La plupart des syndicats aussi se congratulent. Mais je ne fais partie d'aucun syndicat. Bref, au fur et à mesure que l'atmosphère s'alourdit, je deviens *persona non grata*.

On a dit, par la suite, qu'un vent de liberté avait soufflé à ce moment-là sur la France. Je peux témoigner qu'à TF1, lors du gouvernement Mauroy, il n'en fut rien. Bien au contraire.

En ce lendemain du 10 mai 1981, en tout cas, l'heure serait plutôt à l'ostracisme, et à la délation. Certains journalistes n'hésitent pas à ressortir la vieille carte de la SFIO [1] de leur père, ou de leur grand-père, pour arborer les couleurs de la gauche. Dans les couloirs, des bruits courent, les rumeurs vont bon train, certains sont prêts à toutes les bassesses. J'entends des phrases comme :

– La télé de droite, c'est fini. Il faut virer les directeurs. Vive la télé de gauche !

Montrer patte blanche, se tenir à carreau, se taire... D'aucuns retournent leur veste. Même Bruno Masure, qui n'a jamais caché sa sympathie pour Mitterrand, se dit écœuré par l'attitude de ceux qui veulent tout simplement prendre le poste des gens en place. Une harangue de Paul Quilès [2] me reste en mémoire. Elle se termine par cette conclusion sans appel :

---

1. Section française de l'internationale socialiste, parti créé en 1905. Le Parti socialiste est né des cendres de la SFIO au congrès d'Alfortville, le 4 mai 1969.

2. Député de Paris, directeur de la campagne présidentielle de François Mitterrand.

– Il faut couper des têtes !

Discours suivi d'effets.

Entre mai 1981 et avril 1982, on assiste à une véritable chasse aux sorcières. Ayant eu le malheur de couvrir la campagne de Giscard, je suis directement dans la ligne de mire. Enfin... tout de suite après Philippe Vasseur, mon chef de service, qui se fait rapidement remercier. Il est remplacé par Sylvain Gouz, tout droit venu de la presse écrite.

À son arrivée, celui-ci ne connaît pas grand-chose à son soudain métier. Pourtant, c'est mon boss et je me sens de plus en plus mal dans une rédaction où la consigne est de ne pas prononcer le mot « dévaluation », mais de parler plutôt de « réajustement monétaire ». Je n'ai jamais été pour la langue de bois, et là, les limites sont atteintes.

Sale ambiance. Tous les chefs de service et responsables de rubriques – sauf celui qui est chargé des affaires religieuses – se font virer un à un et sont remplacés la plupart du temps par des nouveaux venus. Je vois, par exemple, un ministre demander la tête d'un journaliste : Jean-François Robinet, spécialiste des problèmes agricoles, est ainsi mis aux oubliettes. Les vaches ont-elles voté ?

La chasse aux sorcières bat son plein dans l'audiovisuel mais aussi dans tous les secteurs importants de l'économie, l'industrie par exemple. Pour TF1, je suis ainsi envoyé à Lille pendant quelques semaines pour

« couvrir » ce qu'on appelle « l'affaire Willot » : les frères Willot, patrons du groupe textile Boussac en pleine déconfiture. L'industrie textile va mal, l'empire Boussac licencie à tour de bras et ses patrons deviennent la cible numéro un du nouveau pouvoir. Cible facile que ces quatre personnages peu communicants, c'est le moins qu'on puisse dire. Jamais d'interview, jamais d'apparition à la télé. D'eux, on ne connaît qu'une seule photo où, alignés en costumes sombres, ils ont vraiment une mine patibulaire ! Leur surnom leur colle à la peau : les Dalton... Pour les socialistes, ils sont le symbole caricatural d'un patronat qu'il faut abattre. Celui-ci sera vite remplacé par un autre, plus « médiatique ». L'avenir montrera cependant que des dents blanches et des passages répétés à la télévision ne sauvent pas les emplois, mais c'est une autre histoire...

Un jour, alors que les Willot font la une de toute la presse, j'ai la chance d'être reçu par le plus jeune d'entre eux, Antoine. Entretien « *off* ». Pas question d'apparaître à la télé, m'a dit le benjamin du groupe. J'ai promis. Pourquoi cet homme a-t-il néanmoins bien voulu se confier à moi, je l'ignore. Toujours est-il que, pendant une heure, j'écoute ce chef d'entreprise, en larmes, me parler de son attachement à ses usines, notamment celle de Flixecourt dans la Somme où mon père a d'ailleurs travaillé comme ingénieur, autrefois. Je n'en reviens pas qu'il se livre ainsi. Je n'en reviens pas qu'un homme présenté comme une sorte de malfrat de l'industrie et à l'image si glaciale puisse montrer autant d'émotion.

En sortant de son bureau, le cameraman qui m'accompagne, tout excité, me dit qu'il a laissé sa caméra, habilement posée sur une table, filmer et enregistrer tout notre entretien. Toute la presse se battrait pour avoir la cassette vidéo ! Mais j'ai promis et je tiendrai bon. Jamais je n'accepterai qu'une seule image soit diffusée. Mon « encore » chef de service, Philippe Vasseur, est le seul à qui j'aie montré ce document. Et il est d'accord avec moi car nous partageons les mêmes valeurs. Tant pis pour mon avancement ! Une image volée, ce n'est pas ma tasse de thé et ça ne le sera jamais. Ce n'est pas mon métier. Pendant toute ma carrière, je ne dérogerai jamais à cette règle. Vingt-cinq ans plus tard, à mes dépens, d'autres n'auront pas ce genre de scrupule...

Vraie cassure politique, période de folie... Les hommes de gauche, qui ont attendu le pouvoir si longtemps, se précipitent sur la télévision pour mieux la contrôler, à l'instar de ce qu'avaient fait, autrefois, ceux de l'autre camp. Mais ceux-ci, au cours des années, ont acquis une certaine expérience, ce qui est loin d'être le cas des nouveaux embauchés. Bien sûr, par la suite, ils apprendront à se débrouiller...

En attendant, une chaîne d'État reste une chaîne d'État. Elle s'exécute. Et un sale jour, je suis viré du service économique.

Les seuls rescapés de l'histoire ? Bizarrement, les présentateurs ! Mourousi et Jean-Claude Bourret restent.

Roger Gicquel, lui, est déjà parti sous d'autres cieux. C'est Bruno Masure qui présente désormais le 20 heures, et Alain Denvers deviendra très vite directeur de l'information.

Je déteste cette période. Elle marque le début de cinq années de difficultés. J'aimais toujours mon métier, je me battais toujours pour rester un bon journaliste, je m'accrochais à toutes les opportunités possibles, mais le vent ne soufflait pas vraiment dans le sens du professionnalisme.

– IX –

LES TRIBULATIONS D'UN INDÉSIRABLE

Fin 1982, je me retrouve au service des informations générales, en tant que chef adjoint. Une première et bonne école sous la direction d'un vrai « grand reporter », Jean-Pierre About, talentueux et bourré d'humour.

Je renoue avec l'antenne brièvement, au cours des étés 1982 et 1983, avec une page spéciale « Journal des vacances », durant les JT du week-end. Là, au côté de mon ami Jean-Claude Bourret, je présente toute l'actualité des vacances et du tourisme avec l'aide précieuse d'une femme formidable qui connaît la France comme sa poche, Colette Martin, alors attachée de presse au ministère du Tourisme, mais surtout très proche des réalités de cet énorme secteur économique.

Pour autant, je reste écarté des rubriques dites

« sérieuses » du journal. Il me faut positiver et rebondir vers de nouvelles activités. De toute façon, je suis sûr qu'elles seront passionnantes. Cet état d'esprit me permet de traverser déconvenues et tempêtes, plaisirs et apprentissages, sans trop m'appesantir sur ma relative mise au placard. Et heureusement, car cela ne fait que commencer !

Début 1983, me voilà rédacteur en chef d'une nouvelle émission, animée par Annick Beauchamps, « Les Rendez-vous d'Annick », diffusée quotidiennement à 12 heures, juste avant le journal de Mourousi. Dans la mesure où les JT n'ont pas de partie magazine, les conseils et informations pratiques de cette émission paraissent nécessaires, et novateurs.

Annick est une grande femme un peu hautaine de prime abord, mais en définitive charmante, sympathique et très proche des téléspectateurs. Pleine de bon sens, elle applique une méthode infaillible : tout ce qui la touche mérite un développement dans l'émission. Il commence à faire froid ? Menons une enquête sur les chaudières. Son jardin est sale ? Donnons quelques recettes pour le nettoyer. Et tout à l'avenant.

Son assistante, Michèle Brami, est l'épouse d'un ancien de la maison, Jean-Pierre Chapel. Adolescent, j'admirais ce grand journaliste. C'est lui qui avait par exemple commenté les premiers pas de l'homme sur la Lune... Michèle, pour sa part, me rejoindra quelques années plus tard au journal. Plus de vingt ans après, elle est toujours à mes côtés.

Aux « Rendez-vous d'Annick », j'anime une petite équipe de reporters. Parfois, nous nous déplaçons vers les Antilles ou l'île de la Réunion, que je découvre à cette occasion. J'en éprouve un ravissement qui ne m'a pas quitté depuis. J'aime les îles. Elles me donnent l'impression d'être à l'abri des turbulences du monde.

Grâce à cette expérience – qui durera deux ans – j'apprends à être responsable d'une émission et d'une équipe. Cela me servira un jour...

*
* *

– Boutin se présente aux élections municipales ! Tu viens avec nous, Jean-Pierre ?

– Je veux bien, c'est quoi le programme ?

– Écoute, je sais que tu aimes le vieil Amiens, et ça fait partie des points forts de la campagne. Et puis tu étais présentateur à TF1, tu es connu, bref, ce serait vraiment chouette si tu te joignais à notre liste...

– Mais je ne suis inscrit à aucun parti !

– Pas besoin...

– OK, banco !

Amiens, ville communiste depuis 1945... Et une liste d'union UDF-RPR qui semble n'avoir aucune chance de gagner. Une liste d'opposition municipale, dont seuls les treize premiers siégeront à la mairie. Or je suis inscrit bon vingtième. C'est parfait ainsi, car si je faisais partie du conseil, je devrais m'y impliquer presque à temps plein et je ne le peux pas.

Mais alors, pourquoi avoir accepté de faire partie de cette liste ? Parce que ce sont des amis qui aiment passionnément la ville, cette ville qui est aussi la mienne, et que je les soutiens de toutes mes forces. J'y vais aussi pour le sport ! Le sport et les souvenirs. Nous sommes en 1983. Je m'implique pour retrouver mes vieux potes. Pour la cité scolaire. Pour la maison de maman et celle de mes grands-parents. Pour ce petit pincement au cœur qui m'étreint à chaque fois que je passe par l'usine de papa, maintenant dédiée au plastique et appartenant à je ne sais qui. Pour cette cathédrale magnifique et ce quartier des hortillonnages, lesquels, au lieu d'être laissés à l'abandon comme de mauvaises herbes, méritent bien une bonne rénovation, tout de même !

Meetings, distribution de tracts sur les marchés, collage d'affiches la nuit. Rencontres sympathiques avec Gilles de Robien, qui deviendra maire, mais plus tard. Affolement à cause d'un groupe extrémiste aux méthodes expéditives, dans le quartier « chaud » du Pigeonnier où les voitures brûlent déjà... Fuite éperdue dans la pénombre... Et le jour du vote, je surveille les bureaux. Affairé, heureux.

En revanche, cela n'arrange pas du tout mes affaires à TF1, toujours à fond dans son ambiance « à gauche toute »... Si j'avais été carriériste – je n'ai jamais su ni pu l'être –, j'aurais évité ce coup de main doublé d'un coup de cœur, et j'aurais passé outre à la proposition de mon copain. Mais zut ! Ma raison c'était ma ville, et j'ai foncé sans me poser de questions. À l'instinct. Comme souvent.

*
* *

Un matin, dans son bureau, Annick m'annonce :

– L'émission est terminée...

Elle est effondrée. Moi je n'ai qu'une seule pensée : il va falloir changer encore une fois. Dommage. Je me précipite chez le directeur de l'information, Alain Denvers. Celui-ci me reçoit sur-le-champ. Je lui demande :

– Où m'affectes-tu ?

Alain prend un air un peu gêné, puis on dirait qu'il a trouvé une bonne idée.

– Prends donc un mois de vacances !

Je pars. Atmosphère familiale sans histoire. Repos.

Je retourne à TF1. Même homme, même bureau, même question :

– Où m'affectes-tu ?

Et là, à ma grande stupeur, même réponse, encore plus gênée :

– Prends donc un *autre* mois de vacances...

C'est dur ! Je ressors du bureau très mal à l'aise, avec l'impression de ne plus savoir où j'en suis. La première pensée qui me vient à l'esprit est que je suis proche, très proche de la sortie. Il est clair qu'on veut tenter de m'écœurer. Et si jusque-là j'ai toujours trouvé des ressources pour m'en sortir, je me mets à douter de moi, des autres, de tout... J'ai beau me poser des tas de questions, les solutions ne sont pas au rendez-vous. La mort dans l'âme, je me réfugie dans ma maison, à Amiens, au sein de ma famille.

Un mois.

En revenant à TF1, je m'attends au pire. Pas du tout ! Bonne surprise, on me demande de participer, avec Jean-Claude Bourret, à la création d'une toute nouvelle émission, « Bonjour la France », qui sera diffusée en direct les samedis et dimanches matin. Je suis chargé du tourisme et des régions. Florence Schaal s'occupe de l'éducation. André Théron nous a rejoints ainsi que Paul Wermus. Et aussi Pierre Bonte, l'inventeur de « Bonjour la France » à la radio et dont personne n'a oublié le célèbre et prémonitoire « Bonjour monsieur le maire ». L'inventeur d'un journalisme de proximité qui me servira si souvent de modèle. Je lui porte toujours une reconnaissance et une affection toutes particulières. Je crois que cette affection est réciproque.

Me voilà de nouveau par monts et par vaux, dans des endroits magnifiques, en particulier l'océan Indien, dont je tombe amoureux. La Réunion mais aussi Papeete, Bora-Bora... Ou encore les Antilles, la Guyane... Et quand je suis en France, je pars souvent visiter « le terroir », premier aperçu de ce qui deviendra pour moi une passion.

Tous les week-ends, l'émission étant diffusée en direct entre 7 et 9 heures, je passe les nuits du vendredi et du samedi sur la moquette du bureau, où je dors tant bien que mal. Les transports Amiens-Paris sont problématiques au milieu de la nuit...

Ce qui ne m'empêche pas d'être aussi à TF1 une fois

par semaine, le mardi après-midi, pour animer l'émission « Transcontinental », consacrée à la géographie humaine, et créée par Martine Tournier. En guise de décor, une grande mappemonde stylisée. À partir de documents du CNRS ou de l'Ina, nous montons des séquences qui racontent les peuples du bout du monde. Je découvre les Inuits du cercle polaire, les Pygmées de Papouasie, les tribus des steppes. Avec les invités – je me souviens en particulier de Jean Malaurie [1] –, je m'ouvre à de fabuleuses coutumes et à des voyages imaginaires. Car ici, à l'inverse de ce qui se passe avec « Bonjour la France », je ne bouge pas. Et pour la première fois j'anime seul, avec quelques invités, une grande émission en direct et en dehors du cadre strict des journaux télévisés. Cela aussi me servira...

Mais bientôt, l'audiovisuel s'agite ! 1984, création de la chaîne cryptée privée Canal +. 1986, le 20 février, la première chaîne généraliste privée et gratuite – La Cinq – commence à émettre.

Quelques mois plus tôt, j'ai reçu un coup de fil de Patrice Duhamel.

– Jean-Pierre, tu sais que je viens d'être nommé directeur de l'information de La Cinq. J'aimerais bien qu'on retravaille ensemble. Qu'en dis-tu ?

Une nouvelle aventure en perspective, pourquoi pas ?

---

1. Ethnologue spécialisé dans les civilisations nordiques.

Nous nous réunissons, nous discutons, je retrouve à cette occasion Patrick de Carolis, contacté pour être rédacteur en chef des magazines. Nous visitons ensemble les studios à peine construits. Nous sommes presque sur le point d'aboutir... Mais finalement, je n'irai pas. Pourquoi ? Je l'ignore. Une question de « feeling »...

En refusant cette proposition, presque au hasard, j'ignore encore que j'ai suivi ma bonne étoile. Si je m'étais éloigné de TF1, où serais-je aujourd'hui ?

*

* *

En mars 1986, la France se réveille sous le signe de la cohabitation. Le gouvernement Chirac est nommé et il est fortement question de privatiser une chaîne d'État. La rumeur donne Antenne 2 favorite. Les langues vont bon train. Le 14 mai 1986, tous les journalistes ont les yeux rivés sur les écrans de télévision en attendant l'apparition de François Léotard, ministre de la Culture, à la tribune de l'Assemblée. Et il annonce la privatisation de... TF1 ! Stupeur générale. Tout le monde se lève, un brouhaha pas possible s'ensuit, et les syndicats convoquent immédiatement une assemblée générale. J'entends des phrases :

– Mais c'est idiot ! C'est comme si on privatisait la tour Eiffel...

Autour de moi, beaucoup de gens se disent choqués. Une fois de plus, pas moi. Bien au contraire, je m'estime chanceux. À vrai dire, une bouffée d'oxygène m'envahit. Je n'ai pas aimé l'épisode de la chasse aux sorcières. Mais surtout, pour moi, c'est une question de principe. Je me la suis souvent posée : « Est-ce vraiment le rôle de l'État de contrôler la télévision ? » J'ai toujours pensé que ce n'était pas sa mission. Imaginez que tout à coup Matignon rachète *Le Figaro*, ou *Le Monde*, au lieu de se contenter du *Journal officiel*. On crierait au scandale. De la même façon, l'État tout-puissant qui remplace dirigeants et journalistes à chaque changement de gouvernement, à mon sens, n'est pas viable. Par la suite, une fois TF1 privatisée, j'en verrai défiler, des gouvernements ! Pourtant, pas une fois notre travail n'en sera perturbé. Alors que pour mes camarades du service public, il en ira autrement...

J'essaie de convaincre mes confrères. Pas facile. Je pense par ailleurs que privatiser une chaîne, c'est également obliger l'information télévisée tout entière à évoluer. Car cette chaîne, non contrôlée, non « dirigée » par des politiques, va tout faire pour être objective et honnête afin d'attirer un maximum de téléspectateurs, et pas seulement les aficionados de gauche ou de droite. Et si les chaînes d'État veulent encore exister, il faudra bien alors qu'elles évoluent elles aussi. Donc toute l'information télévisée avancera dans le bon sens.

En attendant, l'appel d'offres pour la privatisation de TF1 est lancé. Plusieurs candidats sont en lice. Tout le monde semble passionné par le débat. Moi, je ne m'y intéresse pas le moins du monde. Il sera toujours temps de découvrir notre nouveau patron...

Un peu plus tard, début 1987, Alain Denvers m'annonce que je vais désormais présenter le 23 heures en alternance avec Joseph Poli. Je suis content, sans plus. Cela fait trop longtemps que je suis trimbalé d'une émission à l'autre, d'un rôle à l'autre, j'en ai un peu assez. Je ne réalise pas encore que je suis en train d'accumuler pas mal d'expériences, et qu'à chaque fois un pan de mon avenir se dessine...

Je loue donc une petite chambre à Paris pour me permettre d'être sur place, à deux pas de la rue Cognacq-Jay, une semaine sur deux. Et une semaine sur deux, je retrouve ce journal de la nuit que j'ai déjà dirigé pendant trois ans. Même ambiance, couloirs déserts, système débrouille pour construire chaque soir un JT de qualité.

Le 16 avril 1987, le groupe Bouygues prend les rênes de la maison. À la nomination de Patrick Le Lay, je me souviens avoir pensé : « Enfin un vrai chef d'entreprise ! » Pas un apparatchik nommé par le gouvernement, pas un ami d'ami, non, un type qui a l'habitude de gérer des grosses boîtes, qui saura piloter les intérêts de la chaîne, préparer l'avenir et s'entourer de spécialistes de confiance. Sans le connaître, je suis un des rares à être enchanté. Dans les couloirs et les bureaux, les mauvaises langues se déchaînent. « L'info va perdre de sa crédibilité ! » entend-on partout. « La pub va contrôler le 20 heures ! » Toujours à contre-courant de l'opinion dominante, je pense exactement l'inverse. Et j'ai raison.

Francis Bouygues et Patrick Le Lay ont préparé leur candidature avec quelques-uns des plus grands professionnels du moment. Parmi eux, un journaliste précieux, Étienne Mougeotte. Ils savent qu'une grande chaîne généraliste ne peut exister et se développer que si elle propose aux téléspectateurs des journaux forts, crédibles, honnêtes et indépendants. D'ailleurs, au cours des nombreuses années qui suivront, je peux témoigner que jamais il n'y aura la moindre interférence entre la pub et le travail de la rédaction.

Et les JT vont vite devenir des piliers de l'audience. Le public aime l'information. Sans elle, pas d'audience en effet, donc pas de publicité, pas de recettes suffisantes, et... pas les moyens de proposer une info de qualité. C'est l'histoire du chat qui se mord la queue.

De tout cela je suis profondément persuadé quand la nouvelle équipe installe ses bureaux dans la tour Montparnasse. Nos nouveaux collègues viennent pour la plupart du groupe Bouygues. Une sorte de légion romaine qui aurait délibérément choisi de ne pas prendre d'assaut le petit village de Gaulois auquel doit leur faire penser la célèbre « rue Cognacq-Jay » avec ses vraies et fausses vedettes, ses penseurs professionnels et ses états d'âme.

À part Étienne Mougeotte, fort d'une longue expérience à la télé et dans la presse écrite, nos nouveaux patrons sont bien insensibles à toutes ces paillettes, au show-business et à ce monde si particulier de l'audiovisuel. En même temps, le Tout-Paris se gausse... « Vouloir faire de la télé quand on vient du béton... Ils vont se planter ! »

Rira bien qui rira le dernier...

*
* *

Pendant l'été 1987, je remplace à nouveau Mourousi au 13 heures. L'occasion de présenter un direct formidable, à Brignoles, sur la sécurité civile française. Des dizaines de camions de pompiers, des avions flambant neufs dans un ciel d'azur, et neuf cents hommes, filmés par des dizaines de caméras.

Un autre jour, sur le plateau cette fois, j'invite une jeune fille ravissante. Elle vient de faire un tabac avec une chanson émouvante : *Joe le taxi.* C'est la première télé de Vanessa Paradis, apparemment déjà très populaire puisque, ce jour-là, nous battons un record d'audience...

À la fin des vacances, je retrouve ma place au 23 heures, toujours en alternance avec Joseph Poli, si fier de sa Corse natale.

Je ne me doute pas que, quelque part à TF1, un groupe d'hommes est en train de prendre une décision qui va radicalement changer mon existence.

– X –

ÇA NE PRÉVIENT PAS, ÇA ARRIVE !

11 février 1988. Périphérie amiénoise, maison de mes beaux-parents. Déjeuner festif. Pour les dix ans de Julia – ravissante gamine, bonne copine en classe, grande sœur modèle et notre fille adorée –, toute la famille s'est déplacée. Elle n'est pas venue de bien loin, nous habitons tous dans les environs. La bonne humeur règne. Il neige mais qu'importe. Nous sommes réunis une fois encore dans la douceur familiale.

Téléphone.

– C'est pour toi, Jean-Pierre, dit ma belle-mère avec un grand sourire.

Un peu intrigué par cet appel (qui peut bien savoir que je suis ici ?), je suis stupéfait d'entendre une voix forte que je connais bien.

– Bonjour ! Ici Patrick Le Lay. Je viens de recevoir Yves Mourousi. Je vous propose de le remplacer à partir de la semaine prochaine...

Il n'y a pas de chaise près du téléphone. J'en aurais pourtant bien besoin. Et ma réaction m'amuse encore quand j'y pense aujourd'hui :

– Mais... vous avez demandé à Mourousi ?

– Non Jean-Pierre, je ne lui ai pas demandé, je lui ai dit !

Et je perçois comme un sourire dans la voix de mon patron.

« Vous avez demandé à Mourousi ? » Suis-je devenu fou ? Le patron, demander la permission... Ce doit être la force des habitudes... Mourousi l'indéboulonnable (on dit cela de moi aujourd'hui), celui qui depuis treize ans tient le 13 heures, cet homme adulé du Tout-Paris, ce monstre sacré de la télévision qui m'a appris tant de choses ! On n'efface pas cette image en une minute.

Manifestement, le président de TF1 souhaite une réponse... À la seconde même – ai-je vraiment besoin de réfléchir ? – je lui lance un « oui » sonore et, aussitôt, rendez-vous est pris pour le lundi.

Je regagne la salle à manger, où les convives m'attendent pour souffler les bougies d'anniversaire. Ma fille est radieuse. Mon fils, déjà passionné par le sport auto, joue dans le couloir avec une petite voiture télécommandée. Je suis ivre de bonheur, de fierté et d'appréhension. La famille, à qui je n'ai encore rien dit, se délecte avec moi du délicieux gâteau maison.

Le lendemain matin, j'appelle Mourousi. Je me sens un peu gêné, c'est le moins qu'on puisse dire. Il a la gentillesse de me rassurer :

– C'est normal, Jean-Pierre, tu ne pouvais pas refuser ! C'est formidable pour toi...

Il est sans doute en train d'accuser le choc, mais il n'en laisse rien paraître. En tout cas son encouragement me va droit au cœur.

Ce jour-là, avec quelques amis au golf d'Amiens, la tête complètement ailleurs, je ne réussis pas un seul joli coup...

Et je me retrouve au petit matin du lundi dans le bureau de Patrick Le Lay avec Étienne Mougeotte. Ils m'expliquent leur souhait de modifier profondément l'édition de la mi-journée dont l'audience a dégringolé depuis quelques mois. Toutes les études le montrent, la formule Mourousi-Augry a vieilli. Les grands directs au bout du monde se sont banalisés avec la multiplication des chaînes et des satellites. Les invités habituels n'ont plus grand-chose à dire. Yves lui-même ne cherche plus à se « surpasser » et son ironie à l'antenne paraît de plus en plus agressive et déplacée. En même temps, le JT concurrent de la Deux s'est sérieusement modernisé avec à sa tête un autre couple : William Leymergie et Patricia Charnelet. Et l'audience a suivi. Le JT de TF1 est largement dépassé par celui d'Antenne 2.

– Donc, on change de présentateur, me dit Étienne Mougeotte. Et on a fait appel à toi car c'est aussi le contenu qui doit changer. Il faut faire un journal davantage tourné vers les téléspectateurs qui peuvent nous regarder à cette heure-là.

Étienne Mougeotte, le plus calmement du monde, m'explique que je suis peut-être l'homme de la situation.

– Je sais que tu es picard, que tu habites Amiens et que tu t'intéresses à la vie des gens. Si tu réussis, tu seras peut-être encore là dans vingt-cinq ans !

Éclat de rire dans le bureau. Jamais je n'aurais pu prendre une telle boutade au sérieux. Et pourtant...

Faire un journal télévisé pour les gens qui le regardent... Voilà une idée toute simple que personne n'avait jamais osé avoir dans l'audiovisuel. Et cela me convient parfaitement. Très attaché à mes origines picardes, j'ai toujours pensé que l'information télévisée était beaucoup trop éloignée des réalités de la « vraie vie » et « du « vrai pays ». Mes allers-retours quotidiens à Amiens, depuis des années, m'ont fait prendre conscience de ce décalage énorme et j'ai l'impression que les journalistes parisiens sont persuadés que, passé le périphérique, il faut forcément revêtir une tenue de chasse, mettre des bottes et conduire un quatre-quatre pour survivre... J'exagère à peine.

Le journal actuel me paraît trop institutionnel, trop parisien, pas assez proche du quotidien. Mon sentiment reflète exactement celui de mes patrons. Donc, l'objectif est de fabriquer un journal pour les téléspectateurs, et non pour satisfaire l'ego de ceux qui le conçoivent...

C'est simple. Mais c'est une vraie révolution qu'on me demande de lancer. Je m'y colle aussitôt avec l'aide du directeur adjoint de l'information, Jean-Claude Paris. Il m'aidera et me soutiendra à chaque instant dans les mois qui vont suivre.

Pour l'instant, l'annonce du départ de Mourousi fait l'effet d'une bombe dans la rédaction et dans la presse parisienne. J'ai beau essayer de me faire tout petit et de me dire qu'un JT à 13 heures n'est pas plus difficile à présenter qu'un JT à 23 heures, je sens que la pression autour de moi – pour ne pas dire la tension – est particulièrement forte.

Je me souviens par exemple de ce titre du *Figaro* : « *Pour remplacer Mourousi, Jean-Pierre qui ?* » Toute la presse se demande pourquoi la star se retrouve écartée, et pourquoi on a choisi ce semi-inconnu de trente-huit ans, provincial de surcroît, pour lui succéder.

Il est peut-être facile de changer ses horaires de travail mais quand je sens tous ces regards goguenards braqués sur moi, j'ai la peur au ventre. Je ne suis pas habitué à tant de « battage » autour de mon travail...

Je présenterai le 13 heures dans une semaine, le 22 février 1988, et en attendant, je continue à travailler dans mon « ancien » bureau du journal de la nuit. Celui du 13 heures est toujours occupé par Yves, Marie-

Laure Augry et toute leur équipe qui va devenir la mienne. Tous sont véritablement soufflés.

Avec Jean-Claude Paris, nous commençons à imaginer ce qui peut changer dans le contenu de ce journal qu'il n'est pourtant pas question de bouleverser en quelques jours. Nous n'en aurions pas la possibilité.

Passé le désarroi des premiers jours, l'équipe d'Yves m'accueille sans état d'âme. Peut-être ont-ils compris que la formule de leur « chef » a fait long feu. Chacun joue le jeu, loyalement, mais je sens que tout le monde me considère un peu comme un intérimaire. Dans les couloirs, j'entends des noms : Jean-Claude Bourret, Guillaume Durand, Michel Drucker... Dans l'esprit de tous, pour remplacer vraiment une star, il faut une autre star. « Il est gentil, Pernaut, il est compétent, mais il n'a pas l'envergure suffisante. »

Et je continue à me faire tout petit en me disant, sans trop y croire, que je dois leur prouver le contraire.

*
* *

Lundi 22 février. Je pénètre dans le studio le cœur battant. Toute la matinée, les mains moites, j'ai rédigé mes textes après avoir laissé la rédactrice en chef, Geneviève Galley, diriger seule, comme elle en a l'habitude, la sacro-sainte « conférence de rédaction » où se décide le contenu du journal. Yves n'y assistait jamais. Dans le studio, habituellement si calme, une quarantaine de photographes de presse m'attendent. La plupart, je suppose, sont venus voir « *Jean-Pierre qui ?* » se planter.

Blazer bleu marine, chemise bleue, cravate rouge, cheveux très courts. Quand je revois les images d'archives aujourd'hui, je me dis que j'ai vraiment l'air d'un gamin ! Mais d'un gamin décidé à marcher sur les traces de son prédécesseur. Pour mon premier plateau, je m'assois avec assurance – une assurance tout à fait simulée – sur le bureau du studio. Et surtout, comme Mourousi, je n'utilise pas de téléprompteur. Je lis mes notes. Je reste aussi naturel que possible mais j'ai la gorge serrée...

En régie, Marcel Fagès, l'un des réalisateurs prestigieux des grands directs « d'avant », est aux manettes. Il a passé la matinée à me rassurer et à tenter de me détendre... Le journal commence avec la médaille d'or que Franck Piccard vient de remporter aux jeux Olympiques d'hiver de Calgary. « Piccard » : un clin d'œil phonétique du destin ? Ce jour-là, une formidable aventure commence. Je n'imagine pas à quel point elle va me dévorer, me passionner et, modestie mise à part, bouleverser la manière d'aborder l'information à la télévision.

*
* *

Bien sûr, il me faut changer de domicile. Avec une telle responsabilité, il ne m'est plus possible de continuer à habiter dans ma bonne ville d'Amiens. Je dois être rue Cognacq-Jay tous les matins au plus tard à 8 heures pour y rester parfois tard le soir. Dominique est d'accord. Nous nous installons donc avec les enfants dans la région parisienne. Mais pendant toutes les années qui suivront, la Picardie restera notre bouffée d'oxygène hebdomadaire et le moyen pour moi de garder un contact direct avec mes racines... et avec les « vrais gens ». Ma famille et celle de Dominique, mes amis d'enfance et de lycée, Philippe, Didier, Jean-Luc, Babette. Ils sont tous à mille lieues du petit monde fermé de la télévision. Mes voisins aussi, avec leurs difficultés quotidiennes et leur regard plein de bon sens sur tout ce qui nous entoure.

Mais je suis maintenant « le présentateur du 13 heures » et il faut très vite s'atteler au contenu de ce journal. Ce n'est pas un simple changement de tête qui va faire revenir les téléspectateurs ! Visiblement, cela ne semble pas trop préoccuper Michèle Cotta, alors directrice de l'information, et c'est toujours avec son « adjoint » Jean-Claude Paris que nous passons des heures et des heures à imaginer ce que nous pouvons faire. Avec nous, trois des membres de l'équipe Mourousi qui vont rester près de vingt ans à mes côtés. Fabrice Decat, de quelques années mon cadet, ancien comme moi de l'école de journalisme de Lille ; un gars du Nord, discret, tranquille, mais formidablement motivé. Chantal Monteil, une Auvergnate à l'efficacité professionnelle redoutable. En plus, elle n'a pas la langue dans sa poche. Elle est « chef d'édition ». Son rôle essentiel est d'assurer la mise à l'antenne des reportages. Même fonction de coordination pour Alain Baillon dont la disponibilité, la gentillesse et le bon sens apporteront le calme nécessaire à notre équipe.

Car tous les cinq, c'est une véritable équipe, bientôt une bande, que nous formons, avec dès le journal terminé des déjeuners quasi quotidiens dans une brasserie voisine de Cognacq-Jay, devenue notre quartier général, où nous « refaisons le monde ».

« Faire un journal proche des gens qui le regardent... »

À 13 heures, ce ne sont pas forcément les habitants des grandes villes : ils rentrent rarement déjeuner chez eux. Ce sont plutôt ceux qui vivent dans les villes moyennes ou dans les villages. Ce sont les retraités, les femmes « au foyer », les chômeurs, les enfants le mercredi, les commerçants le lundi, les malades dans les hôpitaux... Sans oublier ma mère ! Depuis que je travaille à la télé, elle n'a jamais manqué une de mes prestations. Elle ne manquera rien non plus des presque vingt années qui vont suivre. J'ai toujours tenu compte de ses remarques. Je continuerai à le faire.

En réfléchissant à ceux qui regardent la télé à la mi-journée, il nous paraît évident que nous devons développer d'abord les infos qui les concernent ou les préoccupent. Évident aujourd'hui mais je vous promets qu'à l'époque, ça ne l'était pas ! Pour cela, il va falloir bouleverser toutes les habitudes, « dépolluer » – l'expression est de Jean-Claude – le journal de toutes les séquences diffusées jusqu'alors « parce que ça s'est toujours fait ». Et nous ne commençons pas par le plus facile...

Depuis que la télé existe, tous les mercredis, le 13 heures commence par une séquence en direct de l'Élysée à l'issue du Conseil des ministres. Et si on arrêtait de le faire ? La plupart du temps, les informations qu'on y donne ont peu d'intérêt pour le grand public et restent, en tout cas, très institutionnelles. Ne vaudrait-il pas mieux consacrer ce temps d'antenne à des reportages concrets qui expliquent les conséquences des mesures qu'annonce le gouvernement ?

Banco. Mais, c'est certain, on ne va pas se faire que des amis...

Par ailleurs, Mourousi avait toujours de nombreux invités sur le plateau. Et si on les supprimait pour les remplacer, encore une fois, par des reportages ? Après tout, la télé, c'est de l'image ! Et si on allait plus souvent filmer « en France » ? Et si on parlait davantage de la vie quotidienne de tout un chacun ?

Dans notre esprit commence à naître, ainsi, un nouveau journal. Pour le mettre en place, nous allons devoir tout chambouler. Il va falloir changer les habitudes de toute une rédaction. Ses habitudes et ses horaires... Depuis toujours, la hiérarchie de TF1, et avant elle celle de l'ORTF, demandait aux reporters de travailler en priorité pour le 20 heures. Si nous voulons plus de reportages au 13 heures, il va falloir les obliger à se lever plus tôt... Ça semble bête, mais c'est pour moi une priorité. Première décision : avancer l'horaire de la conférence de rédaction à 8 h 30 au lieu de 9 heures pour se donner vraiment le temps de fabriquer ces reportages dans la matinée.

Reportages. Le premier « R » d'un slogan que j'invente avec ma petite équipe dans notre brasserie de l'avenue Bosquet.

– Le 13 heures doit devenir l'édition des « 4 R » : Reportages, Rigueur, Rapidité, et... Régions.

Et j'explique ce qui, dans mon esprit, doit devenir la base de nos choix éditoriaux. Des reportages plus nombreux, avec des histoires concrètes, et une vraie attention portée aux préoccupations des Français. Davantage de rigueur pour que l'actualité importante, qu'elle soit française ou internationale, soit toujours traitée au début du journal. Davantage de rapidité car le 13 heures n'a que la matinée pour se fabriquer et il n'y a pas de raison que les téléspectateurs attendent le 20 heures pour voir les images d'un événement.

Enfin, le maître mot : Régions. C'est la priorité des priorités : sortir le journal du carcan de la vie parisienne. Depuis plus de trente ans que la télé existe, la plupart des sujets sont traités à Paris. À chaque augmentation du prix des cigarettes, c'est le même buraliste qui est interviewé, celui de la rue Malar, à deux pas de nos studios. Il est passé à la télé des centaines de fois ! À chaque 14 juillet, c'est dans la même caserne de pompiers, voisine de ce bureau de tabac, que sont filmées les festivités. Plus de trente ans à ne parler de météo que pour suivre le niveau de la Seine aux pieds du

Zouave du pont de l'Alma à cent mètres de la rue Cognacq-Jay, à ne parler politique qu'avec des interviews de ministres et à n'évoquer les spectacles que lors de leur sortie parisienne... J'ai vraiment envie d'ouvrir le JT à d'autres horizons. Les moyens techniques ont évolué. À nous de les utiliser pour créer ce nouveau journal que la direction de TF1 appelle de ses vœux, tout comme les téléspectateurs j'en suis certain. Faire un journal où l'on puisse entendre l'accent marseillais, alsacien ou ch'timi. Un journal où les reportages seront tournés là où il faut et pas forcément là où ça nous arrange. Un journal où nous raconterons l'actualité en France, et pas seulement dans la capitale. Et je décide de proscrire de mon vocabulaire le mot suranné de « province », qui a pris dans le langage parisien une connotation presque péjorative.

– Priorité aux régions ? Mais tu es complètement fou, Jean-Pierre ! Il ne s'y passe rien !

– Ah bon... Eh bien on verra !

Des dizaines de fois j'entends cette remarque mais je tiendrai bon et, avec ma petite équipe, nous allons nous y mettre, semaine après semaine, pour tenter de faire évoluer les choses. Je suis persuadé que cela va dans le sens de la société. Il y a tellement de problèmes en France, tellement de choses à évoquer au-delà des frontières parisiennes ! Parlons-en désormais pour faire un vrai journal « national ».

*
* *

Les premiers pas se révèlent difficiles, les regards se détournent et les habitudes sont bien difficiles à changer. Les journalistes du service politique me font carrément la tête quand j'annonce la suppression du fameux « direct » du mercredi à l'Élysée ou quand je leur dis ne plus vouloir d'invités sur le plateau... Même si, toute règle ayant ses exceptions, il y en aura quand même, des invités. Une dizaine en dix-huit ans. De Michel Rocard venu parler de son livre blanc sur les retraites à Jean-Pierre Raffarin si attaché à sa « France d'en bas », expression où certains ont voulu voir du mépris alors qu'il s'agissait simplement d'un intérêt porté à l'électorat le plus vaste. Quelques invités sportifs aussi, comme Alain Prost au lendemain de son quatrième titre mondial en Formule 1, ou David Douillet que j'adore, au retour du Japon où il venait de nous faire frissonner de bonheur avec sa merveilleuse médaille d'or. À peine descendu de l'avion, il a débarqué dans le studio avec femme et enfants qu'il venait de retrouver quelques minutes plus tôt.

Des coups de cœur, sans doute... partagés, j'en suis certain, par de nombreux téléspectateurs.

Quoi qu'il en soit, doucement le journal évolue et, dans cette optique de changement, j'imagine de créer un réseau de correspondants dans les régions. Encore une idée folle aux yeux de la plupart. Et pourtant, si nous voulons réagir rapidement à l'actualité de ces régions, il faut bien que nous y soyons implantés ! C'est une évidence, là encore, mais aussi une révolution.

Jusqu'à présent aucune télévision nationale n'a pensé qu'elle pouvait avoir besoin d'une présence permanente à Lille, Brest ou Bordeaux. Seules les radios y sont depuis toujours mais, en matière de télé, il n'existe que FR3 où des journalistes « régionaux » fabriquent un journal télévisé pour leur propre région comme je l'ai fait moi-même en sortant de l'école de journalisme, sans que cela puisse avoir un retentissement national. Et moi, je souhaite que nos correspondants travaillent et conçoivent leurs sujets de façon à intéresser toute la France. C'est fondamentalement différent dans la manière de filmer et de raconter ce qui se passe.

En attendant, j'avance l'heure de la conférence du matin, je supprime les invités, je multiplie les reportages et je limite l'institutionnel à son strict minimum. Pourtant, l'audience ne bouge pas. Pendant un mois, puis deux, puis trois... Elle a au moins le mérite de ne pas baisser et c'est déjà une satisfaction. La presse écrite s'est calmée et a fini par digérer le départ de Mourousi, mais elle continue à se demander quelle « star » va bien pouvoir le remplacer vraiment. J'encaisse. Un jour quand même j'appelle Patrick Le Lay :

– Est-ce vrai, ce que racontent quelques journaux ? Que vous me cherchez toujours un remplaçant et que vous avez reçu des gens pour présenter le 13 heures ?

Il éclate de rire.

– Jean-Pierre, si je vous vire, croyez-moi, vous serez le premier à le savoir !

C'est clair, direct... et il ne m'a pas viré ! Cinq mois après ce fameux « baptême » du 22 février, notre audience repassait devant celle d'Antenne 2. Le phénomène ne s'est plus jamais inversé depuis, malgré une valse incessante de présentateurs chez nos concurrents et néanmoins amis, passant de formule en formule... Récemment, le 25 septembre 2005, *Le Journal du dimanche* s'en amusait. Au bout de dix-huit ans sur TF1, un seul présentateur et sept à huit millions de téléspectateurs chaque jour, phénomène unique en Europe à la mi-journée. Au bout de la même période, deux millions et demi de téléspectateurs sur France 2 malgré dix-sept présentateurs différents et l'essai de vingt et une formules.

Certaines mauvaises langues appellent notre succès, sans réfléchir à la portée de leur formulation, « la dictature de l'Audimat ». Pour moi, c'est le résultat d'un travail bien fait, et surtout de la connaissance du vrai public et de ses préoccupations.

Pourtant ce succès ne m'a jamais donné « la grosse tête », bien au contraire. Nous nous battons tous les jours avec beaucoup d'humilité pour faire encore mieux le lendemain. La rédaction est motivée. Les reporters sont passionnés. Et mon équipe travaille sans relâche. J'éprouve une immense fierté, doublée d'une émotion profonde, quand je croise dans la rue des personnes qui me reconnaissent et me félicitent gentiment ou quand, au restaurant, m'arrive un petit message de la table voisine avec ces quelques mots : *« Bravo J.-P.P., vous faites du bon boulot. Et merci pour les beaux sujets sur les régions !* » Croyez-moi, ce genre de compliment me va droit au cœur, même au bout de dix-huit ans... Avec les plus anciens de l'équipe, nous appelons ça « l'âme » du 13 heures.

– XI –

LES RENCONTRES DU 13 HEURES

À mon arrivée au journal, TF1 dispose en tout et pour tout de deux correspondants en région. L'un à Toulouse et l'autre à Marseille. Encore sont-ils uniquement chargés de s'intéresser aux décisions de politique locale, et aux hommes qui les prennent. Un peu court pour former un réseau d'informations de proximité...

En attendant les grandes manœuvres – elles viendront en premier de *La Voix du Nord* et de son patron d'alors, Jean-Louis Prévost –, on m'attribue une équipe de journalistes uniquement affectée au 13 heures. Une grande nouveauté, puisque les reporters, en principe, appartiennent à la rédaction de la chaîne et travaillent pour tous les JT. Mais dans l'optique de bouleversement qui est la nôtre, comment faire autrement ?

Voici donc Fabrice Decat, Michel Izard, Bertrand Aguirre, Françoise-Marie Morel et Laurence Perrier, une belle brochette de professionnels chargée de concevoir et de construire avec moi toute la nouvelle partie magazine du journal, en attendant que le réseau régional se mette en place. Michel Fulla et Élisabeth Tran les rejoindront plus tard. Nous fabriquons, dans une sorte de bonne humeur fiévreuse – notre tâche est originale et immense à la fois –, des centaines de reportages décalés par rapport au travail plus classique du reste de la rédaction. J'ai carte blanche... En revanche, on nous regarde un peu comme des bêtes curieuses.

Pendant ce temps, histoire de changer les habitudes et de faire prendre conscience à tous que, désormais, il faudra compter avec le journal de la mi-journée, la direction organise des permanences matinales, avec des journalistes de la rédaction cette fois-ci, pour fournir le 13 heures en reportages sur l'actualité du matin. Priorité aux images !

Par chance, à la fois dans le réseau de correspondants régionaux que nous sommes en train de mettre en place et parmi les journalistes de la rédaction, je vais rencontrer des femmes et des hommes passionnés, entiers, ayant l'amour de leur métier chevillé au corps et, bientôt, un dévouement sans faille. Ils vont tous participer à cette petite révolution.

Il y a d'abord Alain Darchy, ce remarquable journaliste cameraman rencontré à Longwy. « L'homme au béret », comme nous l'appelons familièrement[1]. Un précieux collaborateur, un perfectionniste, devenu un ami. Avant de travailler avec nous il avait l'habitude de fixer ses caméras sur des ailes d'avions. Il va désormais les poser sur les établis des artisans, devant la charrue des paysans, sur les étals des commerçants, ou tout simplement dans la rue.

Un jour, au cours d'un de ses premiers reportages pour le 13 heures, il fait la connaissance de plusieurs membres de la fédération des gardes champêtres.

– Présentez-moi un vrai paysan, quelqu'un d'exceptionnel. Vous devez bien en connaître un ? leur demande-t-il du haut de son mètre quatre-vingt-dix.

Quelque temps plus tard, il se retrouve à Saint-Jean-des-Ollières – à quarante kilomètres de Clermont-Ferrand –, devant Michel Boudon.

Michel Boudon ! Vieux paysan à l'ancienne, en sabots, avec sa charrue tirée par des bœufs, sa gnôle de vingt ans d'âge fabriquée par ses soins, et son incroyable regard rempli de douceur quand il s'adresse à la caméra et déclare avec son accent auvergnat :

– Tout homme qui ne se retourne pas sur ses racines est un homme perdu !

J'en ai encore la chair de poule. N'est-ce pas ce que nous sommes tous censés faire ? Sans racines, sans

1. Je devrais dire « nous l'appelions ». Tandis que je corrigeais les épreuves de ce livre, j'ai appris la mort d'Alain, le 5 janvier 2006. Pour la première fois de ma vie, je n'ai pas pu retenir mes larmes à l'antenne en lui rendant hommage dans le journal.

souvenirs, sans la terre, que serions-nous ? Reportage admirable, qui nous plonge dans un univers profond, aux lois immuables. Nous en resterons tous marqués, un peu comme s'il définissait ce que nous souhaitons partager avec le public : cette réalité-là.

De tels hommes, parce qu'ils possèdent un savoir-faire qu'il leur est impossible de « faire savoir » dans un monde qui semble les rejeter à l'époque, nous allons nous employer à les trouver, les montrer et, parfois, les sauver de l'oubli. Tout un peuple de personnages exemplaires, issus de l'artisanat des campagnes ou des villes. Ils nous paraissent, à chaque reportage, si beaux et tellement fragiles...

Les métiers du bois, avec les charbonniers, papetiers, pipiers, sabotiers, vanniers, charpentiers de marine, sculpteurs de proues, fabricants de jouets ou de vaisselle en bois, encadreurs, peintres sur meuble, liégeurs et navibotellistes... Les virtuoses du métal, avec les couteliers, dinandiers, facteurs d'orgue, ferronniers, horlogers, maréchaux-ferrants, orfèvres, fabricants de soldats de plomb, armuriers, facteurs d'accordéons et fondeurs de cloches... Les artisans de la pierre, avec les diamantaires, marbriers, ardoisiers et sculpteurs... Ceux de la terre, avec les coloristes, parfumeurs, porcelainiers, restaurateurs de peintures, faïenciers, santonniers, savonniers, fleuristes et potiers... Les génies du terroir, avec les bouilleurs de cru, boulangers, chocolatiers, fromagers, charcutiers, apiculteurs, biscuitiers, vignerons, ciergiers et sauniers... Les passionnés du textile, avec les brodeurs, les chapeliers, les restaurateurs de coiffes, passementiers, paruriers, tisserands, fabricants de boutis et de parapluies, cordonniers-bottiers, marionnettistes, dentellières et gantiers... Et les souffleurs de verre, les flaconniers, les vitraillistes...

J'aime les artisans parce qu'ils nous font la vie belle, au quotidien, et nous permettent d'échapper à l'uniformité des productions industrielles. Je les aime pour leur sens du travail accompli, de « la belle ouvrage », comme on disait jadis. Le regard qu'ils portent sur leur « œuvre », qu'il s'agisse d'un meuble ou d'un vase, d'un bijou, d'une chaussure, m'a toujours bouleversé. Il traduit à la fois l'amour de leur métier, une attention intense, la connaissance du matériau qu'ils utilisent et une humilité exemplaire dont nous devrions tous nous souvenir, quelle que soit notre profession. Rien n'est jamais acquis dans le domaine professionnel : il faut toujours vérifier, se poser des questions, se remettre en cause, chercher à mieux faire : quelle leçon ! Peut-être celle que mon arrière-grand-père paternel, ferronnier à Albert dans la Somme, avait apprise à mon père.

Je les admire tant, ces artisans, que je leur ai consacré deux ouvrages[1], espérant remettre à l'honneur leurs talents ancestraux et porteurs de bien-être.

Au Japon, ils portent un nom. On les appelle « Trésors vivants ». Ils sont protégés par l'État car ils détiennent une connaissance qui, sans aide, risque de dispa-

1. *Les Magnifiques Métiers de l'artisanat*, tomes 1 et 2, Éditions Michel Lafon, 2004-2005.

raître. Normal ! Ils ne cadrent pas avec la notion moderne de rentabilité. Comment comptabiliser les milliers d'heures passées à peaufiner un chef-d'œuvre ?

En France, quand débute l'aventure de notre 13 heures – et cela durera longtemps encore –, on ne les reconnaît pas, ou si peu. Et moi, plus je visionne les reportages où ils apparaissent, plus je m'émeus. Je me rends compte de la richesse inouïe qu'ils représentent. Or, où sont leurs futurs apprentis ? Pourquoi doivent-ils, pour certains, fermer boutique ? Mépriserait-on leur savoir-faire autant que leur sagesse ?

Heureusement, en presque vingt ans, la société a évolué. Besoin de retrouver ses racines ? Petit à petit, on a considéré ces « trésors vivants » d'un autre œil. On s'est aperçu qu'ils étaient précieux.

Il n'y a pas longtemps, nous sommes retournés voir un artisan charron filmé à nos débuts, un fabricant de roues en bois. À l'époque, il déplorait de ne pas pouvoir continuer son travail, faute de commandes. Il était en larmes devant la caméra. Aujourd'hui, les attelages à l'ancienne sont redevenus une source de distraction, et son atelier est en pleine renaissance. Il a repris la pose devant notre caméra, tout sourire cette fois-ci, auprès de son nouvel apprenti...

De même, les maires de petites communes, peu sensibles autrefois à la valeur de toutes ces créations artisanales, et à l'importance sociale des petits commerces, commencent à prendre des mesures pour remplacer les artisans et commerçants qui partent les uns après les autres. Prêts de boutiques, exemptions d'impôts locaux et autres facilités ont permis à des villages entiers de revivre et de se repeupler...

Si le 13 heures est un peu à l'origine de ce changement, tant mieux ! J'ai la faiblesse de le croire et les centaines de reportages diffusés en sont la preuve.

Autre journaliste parmi tant d'amis à m'avoir profondément marqué durant ces années et par la suite : Robert Werner. Alsacien amoureux de sa région et grand érudit, il raconte si bien l'Histoire ! Il sait donner le ton juste, provoquer la curiosité, ouvrir des perspectives. Détails nouveaux, points de vue différents, révélations sur telle ou telle période historique, ce conteur est intarissable et sa passion contagieuse.

Sont nés ainsi une multitude de reportages sur la culture dans les régions. Et quand je dis « région », je parle aussi bien de Paris. Pas le Paris-paillettes, le Paris des quartiers, des villages, du marché aux Fleurs, des artistes peintres, des dramaturges, des auteurs... Je me souviens particulièrement d'une série que nous avions diffusée sur les écrivains. Parmi eux, une certaine Marguerite Yourcenar, dont le sujet durait neuf minutes et qui fut regardée ce jour-là – jour de grève à France 2 – par plus de neuf millions de téléspectateurs qui n'avaient pour certains jamais entendu parler de cette académicienne originaire du Nord.

Le journal est aussi pour nous une belle occasion de faire découvrir le patrimoine de notre pays. Culturel, touristique, festif ! Les boutiques anciennes de la capitale ou d'ailleurs, les cours d'eau de l'Ariège, les festivals d'été, les carnavals de Nice et de Dunkerque et, aux Antilles, les « touloulous », les célèbres bals masqués. Ou bien les plus beaux Noëls en Alsace... Sans compter les langues régionales, à une époque, encore une fois, où elles n'étaient pas « d'actualité ». J'ai ressenti une grande fierté lorsque Jack Lang, bien des années plus tard, a reconnu leur utilité et promu leur apprentissage dans le cycle scolaire...

À longueur d'années, nous nous creuserons la tête pour renouveler nos reportages, nos angles d'approche. Chaque fois, un mois de réflexion, d'interviews, de prises de vues, de montages. Des équipes sillonnent en permanence la France pour réaliser ces magnifiques sujets. Au cœur de cette page « magazine » du JT, mon ami Fabrice Decat, qui en est le rédacteur en chef. Il maîtrise avec brio cet amour des richesses de notre pays. Un homme passionné lui aussi, et formidablement compétent.

*
* *

Un jour, j'affiche témérairement une devise sur un mur de mon bureau : « Cette idée est bonne, c'est la mienne ! » Stupeur amusée de mes confrères. Je rectifie un peu : je reste bien entendu ouvert aux suggestions – sinon je ne serais pas journaliste –, mais j'ai besoin de faire respecter la nouvelle ligne éditoriale du journal. Et le meilleur moyen d'éviter les malentendus, c'est de dire clairement ce qu'on veut.

Je reste presque un an sans rédacteur en chef, puis le travail me submerge : il devient urgent de mieux m'organiser. Je dois pouvoir m'appuyer sur un confrère aux épaules solides. Ce sera Christian Bousquet, jusqu'à ce qu'il prenne sa retraite, dix ans plus tard. Ancien grand reporter de TF1 spécialisé dans la politique étrangère, il va vite trouver sa place : méticuleux, attentif aux détails, c'est le « visseur de boulons » par excellence, idéal pour vérifier inlassablement le travail de chacun. Un vrai partenaire, un bosseur infatigable qui est sur le pont quatorze heures par jour !

Lui succède Catherine Nayl, devenue aujourd'hui directrice des reportages de TF1, une femme qui participe activement à un nouveau développement du journal, avec son regard féminin, plus moderne, complémentaire du mien. Ce concept de « couple » de travail est d'ailleurs appliqué dans les trois journaux de la chaîne, puisque PPDA est lui aussi assisté d'une rédactrice en chef et Claire Chazal d'un rédacteur en chef.

Aujourd'hui, c'est Anne de Coudenhove qui assure cette fonction à mes côtés avec cœur et passion, cherchant à chaque instant des idées, peaufinant à longueur de journée les contacts avec les reporters et les correspondants. Elle aussi accomplit un travail de titan pour préparer quotidiennement un journal de qualité.

Quant à l'équipe, elle vit au rythme des départs à la retraite, des nouveaux arrivants, mais aussi des réjouissances !

Tour Eiffel, deuxième étage. Cela fait deux ans que « notre » 13 heures existe. Et ça se fête ! Nous sommes une centaine. Devant moi, Francis Bouygues. Il m'a fait l'immense honneur de venir. Je le regarde avec respect, mais aussi avec un grand sourire. Qu'il me rend à sa manière, avec gentillesse et humour :

– Merci Jean-Pierre ! C'est la première fois que je viens ici... C'est le seul endroit de Paris que je regrette de ne pas avoir construit !

Un peu plus tard, nous fêterons les cinq ans, puis les dix ans du journal, avec tous les correspondants des régions cette fois-ci, et toutes les équipes. Ces soirées-là, oui, je les aime !

Autre souvenir, celui d'un week-end en Bourgogne, trois ans après la création de « notre » bébé... Soixante-douze heures à explorer ensemble les caves de ce terroir exceptionnel, ça vous soude une équipe comme jamais. Il ne faut pas le dire, mais c'était supposé être un séminaire de travail...

Parfois nous jouons également les touristes « de province » et partons à l'assaut de la capitale : Crazy Horse, Lido, Moulin Rouge, Michou – un Amiénois devenu mon ami –, et autres lieux d'exotisme...

*
* *

Printemps 1992, pour moi comme pour tout le personnel de TF1, une autre révolution se prépare. Nous quittons la mort dans l'âme notre bonne vieille rue

Cognacq-Jay pour nous installer dans un immeuble flambant neuf à Boulogne-Billancourt, une tour de quatorze étages, magnifique et ultramoderne. L'information occupe les trois premiers étages et le bureau – paysagé – du 13 heures se trouve au premier, face à la Seine. Baies vitrées, climatisation, éclairage automatique, des ordinateurs partout... Quel changement ! Quelle différence avec les recoins sombres de Cognacq-Jay, remplis de souvenirs, d'histoires et d'Histoire de la télévision, sans oublier les odeurs de choucroute que l'un d'entre nous faisait parfois réchauffer sur un bureau...

Dans mon nouvel espace, je me sens un peu perdu et ma première décision, pour détendre l'atmosphère, est d'installer sous les plantes vertes un parasol et un transat ! L'été approche et je tiens à cette petite touche d'humour et de convivialité.

En tout cas, la modernité ambiante ne nous empêche pas, aujourd'hui encore, de nous retrouver autour d'une grande table de notre « *open space* », recouverte pour la circonstance de victuailles que nous avons reçues en cadeau – des produits de terroir bien sûr ! – et de nous faire une petite bouffe avec toute l'équipe aussitôt le journal terminé.

*

* *

Entre-temps, en France, nous avons tissé notre toile...

En avril 1988, un accord est conclu avec quelques journaux importants de la presse quotidienne régionale, la PQR : une mise à disposition de leur réseau d'information, de leurs bureaux, une prise en charge matérielle de nos correspondants. Nous obtenons ainsi une aide considérable qui nous permet de nous implanter. En échange, la PQR s'ouvre à l'audiovisuel et s'offre la possibilité de créer des filiales dans ce domaine. De plus, sur chaque reportage, en incrustation, figure le nom des journalistes et celui du journal qui les « emploie ». Une manière pour l'organe en question de dire à ses lecteurs qu'il est présent sur le terrain. Enfin, la télévision n'est plus l'ennemie de la presse comme elle l'était autrefois, mais sa partenaire ! Cela change toute la donne. Nos journalistes, sauf à Lyon, seront salariés par la PQR, mais directement liés à TF1 au niveau éditorial. Ils seront nos correspondants permanents.

Très vite, les reporters forment des tandems avec un – ou une – journaliste cameraman. Ils sont d'une efficacité redoutable car ils travaillent en équipes ultralégères. On peut même dire, en exagérant à peine, qu'ils dorment la caméra sous l'oreiller ! Nous nous retrouvons donc souvent les premiers sur les lieux d'un événement, quel qu'il soit. Ainsi le 22 septembre 1992, lors de la catastrophe de Vaison-la-Romaine. Très vite sur place avec sa complice Nicole Chastagnier derrière la caméra, Jean-François Garcia nous permet, avant tous les autres, de diffuser un reportage poignant sur ce village dévasté par une petite rivière en furie, l'Ouvèze. Alors que nous passons leur reportage au journal de

13 heures, France 3 vient à peine d'arriver sur les lieux et d'installer ses caméras...

Avec « mes » correspondants dans les régions, je peux dire que je vis une superbe aventure humaine. Au fil des années, certains d'entre eux sont devenus de véritables amis. Nous partageons la même joie : celle de voir le journal évoluer vers plus de proximité, vers la « vraie vie », à laquelle mes confrères d'autres médias laissaient naguère si peu de place[1].

Parmi ces correspondants, Gabriel Natta, de Nice, a, comme moi et quelques autres, le journal de 13 heures dans les tripes. Il connaît sa région par cœur et je l'ai presque tous les jours au téléphone depuis quinze ans. « Gaby », comme nous l'appelons tous à TF1, est l'un des hommes de base de l'équipe. Il s'occupe d'abord d'actualité bien sûr, mais dès qu'il en a le loisir il s'en va regarder les « belles choses » qui le passionnent : l'éclosion des premiers mimosas, les roses ou les pivoines des serres du Midi, son pote Louis « le pêcheur », qui en sait long sur la Méditerranée, ou « Dédé », le restaurateur du Rayol, qui donne à tous des leçons de cuisine et d'humilité. Avec son cameraman, complice de toujours, Christophe Estenan, Gaby est l'un des « incontournables » qui ont fait du

1. À l'exception de certaines radios, comme Europe 1 et RTL, qui possédaient un réseau de correspondants.

journal ce qu'il est aujourd'hui. C'est aussi un homme qui sait écouter, conseiller, rassurer. À Nice, toute l'équipe qu'il a constituée autour de lui le considère un peu comme un deuxième père... Il ne manque jamais une diffusion du journal. Il m'appelle pour me critiquer, me féliciter, me raconter ce que les gens croisés au cours de ses reportages lui disent. Ils aiment, ils questionnent, et ne se privent pas de donner leur avis... J'appelle Gaby quand j'ai un doute. Il est toujours là. Et j'ai toujours tenu compte de ses remarques. Le 13 heures, c'est aussi « son » journal.

C'est également celui de Jean-François Garcia. Lui et moi avons à peu près le même âge et la même « philosophie ». Correspondant à Montpellier, toujours d'humeur égale, Jean-François sait parler de l'amour comme personne ! Chaque année, à la Saint-Valentin, c'est lui que j'appelle pour trouver une idée de reportage.

Je ne dirai jamais assez à quel point ces correspondants ont bouleversé la manière de traiter l'actualité dans les journaux télévisés. Chacun d'entre eux a construit à mes côtés un journal qui raconte la vie dans sa réalité, parfois magnifique, parfois dramatique, mais vraie, tangible, humaine... Et chacun d'entre eux, comme Gaby et Jean-François, a ses propres passions, sa propre personnalité. Thierry Cabanes à Nantes connaît sur le bout des doigts les problèmes liés au monde de l'éducation ; Jean-Marie Deleau et Denis Sébastien à Lyon racontent avec verve le quotidien des montagnards, c'est d'ailleurs avec Jean-Marie que j'ai partagé, dans une joyeuse exaltation, l'aventure des jeux Olympiques d'Albertville. Comment ne pas citer aussi Jean-Yves Gros, correspondant à Bordeaux – amoureux des bons vins, du Pays basque et du Béarn –, et son cameraman de toujours Serge Clero, prêt à déplacer des montagnes pour faire une belle image ? Ou bien Jean-Michel Lobry à Lille, l'un des tout premiers correspondants, celui qui a fait découvrir à la France entière les couleurs et la folle ambiance du carnaval de Dunkerque... Et Sébastien Hembert, qui a pris le relais avec une belle efficacité... Comment ne pas rendre hommage au talent d'Olivier Bertrand à Tours, d'Emmanuel Rivallain à Besançon, d'Alex Panzani à Marseille, d'Armel Joubert des Ouches à Caen ou de mon ami de toujours, Sylvain Dhollande, à Toulouse ? Tous les deux, nous avons suivi la même formation à l'école de journalisme de Lille. Il était le meilleur de notre promotion, la quarante-huitième, et je tiens toujours compte des conseils avisés de ce confrère talentueux et discret. C'est avec lui que j'ai construit l'un des JT les plus difficiles de ces dernières années, en direct de la tristement célèbre « rue Bernadette », dévastée deux jours plus tôt par l'explosion de l'usine AZF.

Je ne peux pas les nommer tous – ils sont aujourd'hui une centaine dans dix-neuf bureaux –, mais ma reconnaissance va à chacun d'entre eux. Ils se battent jour et nuit pour ne rien manquer de ce qui se passe dans leur « pays », pour raconter les événements et les préoccupations de ses habitants, pour mieux faire connaître l'âme du terroir.

À Paris, c'est Michel Brunet, lui-même ancien correspondant à Toulouse, qui dirige la petite équipe chargée de coordonner leur travail avec Marc Lissillour, Danièle Bénichou et Brigitte Bassin. Michel est le ciment de ce formidable réseau de correspondants, de cette toile d'araignée journalistique qui nous permet d'être aussi présents dans toutes les régions de France.

Le réseau est vivant. Il insuffle la vie au journal. Il le met en relation avec le « terrain », là où les idées sont avant tout d'ordre pratique et correspondent à une réalité. Des coups de fil permanents entre nous me permettent d'être en contact avec les téléspectateurs, tout simplement parce que les correspondants vont les voir, les interroger, les filmer, dans les villages, les maisons, et nous font part de leurs encouragements, de leur amour parfois, mais aussi de leurs critiques.

Je me rappelle la guerre du Kosovo, pendant laquelle toute la rédaction était mobilisée pour relayer l'information le mieux possible. Pendant trois semaines, nous avions diffusé reportage sur reportage. Nous en étions peut-être venus à oublier le public, car c'est à ce moment-là que Gabriel Natta m'a téléphoné pour me dire :

– Tu sais, ils en ont un peu marre ! Ils disent que ça fait beaucoup, trois semaines sur le sujet...

Ce n'est pas pour autant, bien entendu, que j'ai stoppé net la machine. Mais cela m'a fait prendre conscience de la juste mesure à respecter, entre ce qui se passait hors frontières et ce qui continuait de se dérouler dans l'Hexagone.

C'est ainsi que, chaque jour, nous évitons de nous enfermer dans une bulle ou un « suivisme » journalistique qui signifierait la mort du journal. Les correspondants et les reporters m'apportent, en plus de leur talent, une bouffée d'oxygène, une vue de l'extérieur.

*

* *

Des années pour tout mettre en place et consolider, et pourtant, j'ai le sentiment que ce n'est jamais gagné. Qu'il faut toujours se battre pour être le meilleur. Une nouvelle tête apparaît-elle au journal de France 2 ? Je ne prends pas la nouvelle à la légère. Je reste aux aguets. Qui n'avance pas régresse... Ma grande fierté, c'est l'amitié que me portent des millions de téléspectateurs, constamment, depuis si longtemps... La preuve qu'un réel attachement s'est créé et que les idées de ce journal ont la vie dure.

Il y a dix-huit ans, quand j'allais voir un marin pêcheur pour lui demander ce qu'il pensait du prix du gasoil, tout le monde me faisait les gros yeux : « Mais ça n'a pas d'intérêt ! » me disait-on. Aujourd'hui, tout le monde court après le marin pêcheur... La mondialisation, l'Europe et la monnaie unique sont à l'origine d'un profond besoin d'identité. Il est devenu urgent de retrouver ses racines ! Les festivals celtes et autres manifestations régionales font recette au-delà des espérances de leurs organisateurs, et l'on recherche avant tout des repères. Tout ce qu'on nous reprochait à nos débuts est devenu à la mode. Il y a des manières d'être rétro qui frisent l'avant-garde.

N'en déplaise à ceux qui traitent le journal de « poujado-facho-rétro », j'ai été un des premiers à parler d'Internet à la télévision. Pourquoi ? Parce que c'est un merveilleux moyen de désenclaver le monde rural et de faire parvenir des informations en temps réel aux cultivateurs, entre autres. Voilà pour le « rétro ».

N'en déplaise à ceux qui rient de ma marionnette aux « Guignols de l'info » – que je ne trouve pas drôle –, style « poujado-facho », je ne vois pas où se niche le fascisme dans le fait de vouloir montrer la richesse des traditions en ce qu'elles ont de structurant pour chaque citoyen, toutes classes confondues, et de rassembleur au-delà des frontières à l'époque de l'Europe. Un paysan est un paysan, un artisan un artisan, qu'il habite la France ou la Grèce.

Quant au poujadisme – « antiparlementaire, antieuropéen, revendicateur corporatif », selon le dictionnaire –, je ne vois pas ce qu'il a à voir avec notre désir profond de montrer les gens tels qu'ils sont, avec leurs difficultés, leurs espoirs et surtout leur noblesse. Il ne s'agit pas pour nous d'exalter telle catégorie professionnelle aux dépens d'une autre, mais de faire connaître, et apprécier, les oubliés du système.

Pour autant, je ne néglige pas la politique ni les hommes qui la font. Certes, je m'abstiens de diffuser les fameuses « petites phrases » qui n'ont pour moi aucun sens et d'accorder de la place, dans le journal, aux querelles stériles qui agitent parfois le microcosme. Je n'aime pas la politique politicienne ni la langue de bois et je ne fais jamais part de mes opinions à l'antenne mais j'admire les hommes et les femmes, de quelque bord qu'ils soient, qui se dévouent et consacrent leur énergie à défendre une cause qu'ils estiment juste.

Un soir de résultats électoraux, pendant la pause, je vais prendre un verre d'eau au bar, dans les coulisses. Ambiance un peu festive, politiciens de tous bords. Robert Hue est en pleine discussion avec Patrick Le Lay. Je m'approche d'eux. Le président du parti communiste se retourne alors et me lance, tout sourire :

– Bonjour Jean-Pierre ! Comment tu vas ?

Étincelle de surprise mêlée d'incrédulité amusée chez Patrick Le Lay.

Quant à moi, qui ne connais pas Robert Hue, j'en déduis qu'il doit regarder le journal de 13 heures et que, tout simplement, je lui semble familier.

Des années plus tard, nous nous rencontrerons devant une pompe à essence et échangerons encore des salutations chaleureuses. Bien sûr, je ne suis pas d'accord avec certaines de ses idées. Et alors ?

*
* *

Novembre 2005, 14 heures. Je reçois un SMS :

– Jean-Pierre, je regarde le ciel, les grues cendrées viennent de passer, le froid va arriver !

Cette phrase poétique m'émeut à plus d'un titre.

Parce qu'elle émane d'un fantastique réalisateur, Jean-Pierre Janiaud, qui pense au 13 heures et me le fait savoir.

Parce que cet homme, du fin fond des Landes où il a pris sa retraite, m'avertit des dernières péripéties de Dame Nature que je vais pouvoir annoncer aux téléspectateurs.

Parce qu'il me rappelle que j'ai partagé avec lui des moments uniques dans un endroit dévasté où nous nous étions déplacés : la centrale atomique de Tchernobyl. Un des grands moments du journal.

– XII –

LES AVENTURES DU 13 HEURES

Avril 1990, Kiev en Ukraine, quatre ans après la catastrophe de Tchernobyl. Il fait nuit, la voiture venue nous chercher à l'aéroport nous a déposés à l'hôtel, Jean-Pierre Janiaud et moi. Derniers vestiges d'une ère soviétique en voie de pourrissement [1], un cerbère à la coupe en brosse, au bout du couloir, s'assure que l'ordre est respecté. En l'occurrence, il ne l'est pas, car nous mourons de faim et cherchons désespérément des victuailles. On finit par nous trouver un misérable morceau de saucisson, que nous entamons sans cérémonie dans la chambre de Françoise-Marie Morel.

1. Elle prendra fin le 8 décembre 1991, avec l'instauration de la démocratie et la constitution de la CEI (Communauté des États indépendants) qui remplace l'URSS (Union des républiques socialistes soviétiques) née de la révolution d'octobre 1917.

La journaliste, sur place depuis quelques jours, dispose d'un banc de montage, posé près de son lit, qui lui permet de visionner les images accumulées et de les articuler. Je découvre l'horreur silencieuse de la zone interdite, un périmètre de trente kilomètres autour de la centrale. J'imagine facilement que personne ne reviendra y habiter avant une centaine d'années...

Tchernobyl, monstruosité de l'histoire ! Le régime soviétique a pris son temps pour avertir les riverains et le monde entier de l'explosion du réacteur numéro quatre de la plus productive centrale nucléaire ukrainienne. Le bilan humain oscille entre quarante mille morts officiels et... cinq cent soixante mille morts dénombrés par les organisations humanitaires.

Nous avons décidé, il y a quelques semaines, d'organiser une opération spéciale à partir de ce lieu, synonyme pour beaucoup de Français de mépris de la vie humaine, et qui soulève de nombreuses interrogations. Notre projet – pénétrer dans la zone interdite et la montrer à tous – a été accepté pour la première fois par les autorités de l'URSS.

C'est Françoise-Marie Morel qui m'a proposé cette idée, car elle dispose de nombreux contacts dans les milieux scientifiques. Avant mon arrivée, son cameraman et elle ont eu le courage, emmitouflés de la tête aux pieds dans des combinaisons de protection blanches, de demeurer une minute entière au cœur du réacteur calciné. En regardant les images, j'ai peur pour eux : la radioactivité est tellement forte en cet endroit qu'elle a formé comme des éclairs sur la bande magnétique, détruisant au passage des bribes d'images...

Le lendemain, nous nous rendons sur les lieux. Paysage plat, route droite. Notre convoi de reporters et de techniciens se heurte à une grande barrière bicolore. Guérites, fonctionnaires en uniforme, impression de frontière entre un monde et un autre. Celui des vivants et celui des morts ?

On nous distribue des combinaisons vert-de-gris, des chaussures spéciales. On conduit toute l'équipe de tournage vers la ville de Pripyat, agglomération de trente à quarante mille âmes avant les événements. À présent, elle est déserte.

Le 27 avril 1986, plus de vingt-quatre heures après l'explosion, brutalement, les autorités ont enfin donné l'ordre d'évacuer toute la population, avec interdiction de sortir quoi que ce soit de la ville : tout était contaminé. Des bus ont emporté les habitants paniqués, avec leurs seuls vêtements pour bagage. On ne leur a donné aucune explication sur leur avenir. Pour beaucoup, la mort ou l'invalidité seront au rendez-vous. Ils ne reviendront de toute façon jamais à Pripyat, ni dans les villages environnants.

Alors que je pénètre dans la cité fantôme, je suis saisi par son aspect désolé : un manège, sur la place, est entièrement rougi par la rouille. Dans les maisons, les meubles et les vêtements sont restés tels quels. Partout, des herbes folles. Plus loin, environ mille cinq cents voitures s'entassent dans un champ. Le stade, autrefois fierté de la ville, ne résonnera plus jamais des cris joyeux de la foule. Seules des patrouilles sillonnent les rues pour s'assurer que rien ne sort de la zone interdite. Aucun véhicule, aucun objet.

Ici, on travaille en alternance – les policiers comme les ouvriers de la centrale – et l'on ne reste jamais plus de quelques heures d'affilée. Pour que les conditions de travail de ces hommes payés très cher ne soient pas trop désespérantes, on a accroché dans les rues des haut-parleurs diffusant une musique lénifiante.

Bientôt, nous arrivons près de la centrale. Près de ce gigantesque complexe – dont la tranche numéro trois, toujours en activité, nous paraît inquiétante –, nous avons décidé de filmer un premier plateau. J'enregistre mon lancement pour l'un des sujets qui passera à l'antenne demain, et je garde un œil sur le compteur Geiger. D'où je suis, je l'entends crépiter... Un véhicule passe et arrose la route pour que les nombreux ouvriers ou techniciens qui travaillent alentour ne respirent pas trop de poussières radioactives.

Puis nous nous rendons à la périphérie de Pripyat, dans un laboratoire où l'on étudie les effets de la radioactivité sur les plantes et les animaux, dont certains sont devenus de véritables monstres. Ambiance irréelle...

Peu après, contraste surprenant, nous filmons plusieurs villages des environs, également désertés. Quelques personnes âgées ont refusé de partir. Nous les interviewons. Elles nous racontent leur vie désolée dans la zone interdite. Les cerisiers en fleurs, les isbas, les maisonnettes de bois revêtues d'une jolie peinture, tout cela pourrait être charmant si...

Je réalise que ce mal ne se voit pas, ne se sent pas. En regardant cette campagne magnifique, qui se douterait que le nucléaire a semé et continuera de semer la mort et le désespoir ?

*
* *

Les inondations de Nîmes en octobre 1988, les pieds dans la boue ; la base de l'Onu et ses casques bleus garants de la paix au Liban où notre matériel arrive par hélicoptère ; une visite au centre aérospatial de Toulouse, ville où je reviendrai, hélas, plus tard... Entre 1988 et 1990, dans la foulée de l'ancienne conception du 13 heures, j'en ferai des directs ! Cinquante-trois exactement. Quasiment un toutes les deux semaines...

Je me rappelle celui des Saintes-Maries-de-La-Mer.

C'est l'été. Chaleur écrasante. Nous avons préparé un plateau en direct de la fête des Gitans. Soudain, les voilà tous autour de moi, tapant du pied, jouant de la guitare, chantant de leurs voix rauques, belles, masculines, et je ne sais pourquoi, je me sens comme emporté par la mélodie, l'ambiance. Pendant quelques minutes, j'ai l'impression d'être de leur famille et je me sens heureux de faire partager au public ce vrai moment festif et sans apprêt.

C'est comme cela que j'aime les directs : avoir la sensation d'être au cœur de l'événement, et y emmener le téléspectateur avec moi.

Peu à peu, pourtant, ces directs se sont faits de plus en plus rares, jusqu'à avoir quasiment disparu aujourd'hui. La raison de ce choix ? D'abord le fait que le public s'est désormais habitué aux envoyés spéciaux commentant en temps réel les actualités de la planète ; et aussi les circonstances économiques, l'attention portée aux dépenses que cela implique. Trimbaler des journalistes et des équipes très lourdes revient cher. Enfin, les directs ne sont pas toujours ce qu'il y a de plus efficace. Il vaut mieux parfois rester dans un studio, et coordonner toutes les informations depuis ce lieu autrement stratégique. Témoin cette « permanence » que j'ai dû effectuer, en 1991.

17 janvier 1991. Cinq mois après l'invasion du Koweït par l'Irak, les États-Unis, à la tête d'une gigantesque coalition, viennent de déclencher leur opération « Tempête du désert ». À 3 heures du matin, nous avons vu les premières images des bombardements sur Bagdad, diffusées par CNN. Quatre-vingt-cinq mille tonnes de bombes seront déversées sur l'Irak en quarante-deux jours...

Cette nuit-là, Étienne Mougeotte décide aussitôt d'interrompre l'antenne pour la consacrer, autant de temps qu'il faudra, à ces événements. Direct intégral et sans filet ! Nos envoyés spéciaux sont déjà en place depuis quelques jours à Riyad, à Bagdad, au Koweït et, bien sûr, aux États-Unis. Dans nos studios, Jean-Claude Narcy a pris l'antenne dans la nuit et Jean-Michel Leulliot lui a succédé au petit matin. À 13 heures, en commençant le journal, je n'imagine pas que je resterai en direct pendant sept heures d'affilée. Heureusement que l'improvisation ne me fait pas peur !

Nous sommes en contact permanent avec les envoyés spéciaux au téléphone ou à l'image. Sur les écrans, en effet, les images n'arrêtent pas de nous parvenir. Dominique Bromberger et Régis Faucon, nos grands spécialistes de politique étrangère, m'ont rejoint sur le plateau pour commenter et expliquer ce que nous voyons. Les dépêches arrivent sans cesse, et à chacune d'entre elles, nous devons nous méfier. C'est une guerre et, en temps de guerre, on sait ce que valent les informations « officielles ». Nous pensons tous aussi au piège journalistique du fameux charnier de Timisoara, peu après la chute de Ceauçescu, il y a un peu plus d'un an. De vraies fausses images envoyées aux médias européens pour faire croire que des milliers de personnes avaient été tuées sur ordre du régime défunt. Un piège dans lequel tous les médias étaient tombés[1], mais qui avait eu le mérite d'attirer l'attention de tous sur la fiabilité des films et des dépêches que, pour l'heure, nous recevons de plus en plus nombreux.

---

1. On avait annoncé 4 637 morts, et, à titre d'exemple, on avait filmé dix-neuf corps parmi ces prétendues victimes. On apprendra par la suite que ces corps avaient été déterrés d'une fosse commune et que le charnier ne comptait qu'environ quatre-vingt-dix cadavres.

Dans le studio, nous restons à chaque instant tendus et vigilants. Chaque fois qu'une nouvelle information nous parvient, nos deux spécialistes la commentent avec prudence, relativisent, construisent toutes leurs phrases au conditionnel.

Parallèlement, les consultants militaires, experts et généraux qui nous ont rejoints, maquettes à l'appui, tentent d'imaginer quel chemin vont prendre les forces américaines pour attaquer l'Irak. Ils sont persuadés que celles-ci ne peuvent venir que du nord. C'est le contraire qui se produira un mois plus tard : elles arriveront du sud, et cela fera jaser la presse écrite par la suite, alors que celle-ci s'était livrée à des suppositions similaires. Qu'importe, je suis pour ma part tout à fait fier du travail que nous avons accompli. L'erreur est humaine en ce qui concerne les supputations mais, pour ce qui est des informations, nous n'en avons donné aucune qui soit fausse. Des penseurs – il y en a toujours qui ont le temps de penser – nous ont ensuite reproché d'avoir trop joué l'immédiateté. C'est pourtant dans la nature même du direct et à la base de toute l'actualité dite « chaude ». C'est notre métier.

Je passe régulièrement la parole aux envoyés spéciaux. À Patrick Bourrat, à Maurice Olivari, à Christian Brincourt... Les satellites relaient les conversations. Les équipes techniques sont sur le qui-vive. Nous ne savons pas quand le direct va se terminer, c'est une de ses lois...

Présentateur, je n'en reste pas moins un homme normal. Au bout de trois heures, je suis pris d'un besoin bien naturel, mais impossible à assouvir avec ce direct permanent. Pendant que la caméra est occupée à filmer un invité sur le plateau, ou qu'une image arrive d'Irak, je fais de grands signes aux assistants. Après plusieurs tentatives infructueuses, ils comprennent ! L'un d'eux se munit alors d'un chronomètre, et calcule le temps qu'il me faudra pour me rendre aux toilettes.

– Jean-Pierre, tu as une minute trente ! me dit le chef d'édition au téléphone. Mougeotte est d'accord pour diffuser exceptionnellement une courte page de pub. Mais tu dois foncer !

Je ne me le fais pas dire deux fois. J'annonce aux téléspectateurs :

– Quelques secondes de pause et on se retrouve pour cette édition spéciale.

Ton naturel, mais façon « accéléré » !

Au signal de la régie, je saute de mon siège. Des techniciens tiennent les portes ouvertes sur mon passage. Je suis bon coureur... Et je reviens à temps pour reprendre l'antenne, après la seule interruption publicitaire de ces vingt-quatre heures, dont certains téléspectateurs, j'en suis sûr, ont dû se demander la raison.

*
* *

J'adore le direct. Même quand on se trompe. Et comment, parfois, ne pas se tromper ? Cela me rappelle un souvenir, plus lointain, mais tellement amusant...

Élection de Jean-Paul II, 16 octobre 1978. Jacques Hébert et moi sommes sur le plateau pour attendre en direct l'élection d'un nouveau pape. Jean-Paul Ier est mort quelques jours plus tôt. Tout à coup, une fumée blanche s'élève de la chapelle Sixtine : le cardinal Karol Wojtyla devient le premier pape slave de l'histoire de l'Église. Son nom n'est pas très facile à prononcer, mais j'embraye assez bien sur la Pologne, Cracovie, bref, les origines du nouveau chef de l'Église catholique.

Pendant ce temps, la fenêtre pontificale s'ouvre sur la place Saint-Pierre. Sur le balcon, nous sommes persuadés que Jean-Paul II en personne vient d'apparaître. Et nous l'annonçons à nos millions de téléspectateurs. Jusqu'à ce qu'il devienne évident que nous ne savons plus où nous en sommes. Est-ce lui, n'est-ce pas lui ? Instants de flottement. Comment éviter le fou rire ? Là aussi, c'est tout un art... Un instant plus tard, le nouveau pape, le vrai, apparaît enfin dans l'encadrement de la fenêtre. Le premier n'était pas le bon.

– Le voilà ! dis-je en essayant de garder mon sérieux.

*
* *

Tout autre est l'expérience du 13 septembre 2001.

Comme tout le monde, j'ai vu deux jours plus tôt avec terreur les images répétées du crash des avions sur les deux tours du World Trade Center, au sud de l'île de Manhattan. Là encore, prise d'antenne, direct et improvisation pendant cette après-midi aussi historique que dramatique. Une chape de plomb vient de s'abattre sur le monde...

Le lendemain de l'attentat, je pars me reposer en Normandie. C'est alors que Robert Namias, notre directeur de l'information, m'appelle :

– PPDA et toi, vous partez pour New York ! Il faut que tu reviennes immédiatement. On va faire deux éditions spéciales lundi et mardi.

Revenir à Paris, c'est facile, mais atteindre New York, c'est une autre affaire... L'espace aérien américain est fermé. Impossible de pénétrer de cette manière aux USA. Et trouver un avion de ligne pour nous emporter vers l'Amérique du Nord avec nos spécialistes du direct, les équipes de reportage et le matériel relève de la gageure. Robert Namias a finalement loué deux petits jets privés. Nous voilà donc au Bourget, PPDA et moi, sous une pluie battante. Allons-nous décoller ? Les équipes au grand complet s'entassent dans les appareils.

Dans un premier temps, direction Terre-Neuve.

Arrivée tardive, à bout de carburant. Surprise : à peine débarqués, nous devons poser et frotter nos pieds sur un tapis déroulé tout exprès pour nous dans ce minuscule aéroport. Mais ce n'est pas un tapis rouge, et devant l'insistance des autorités à nous faire obtempérer, nous comprenons : nous venons de l'Europe de la vache folle, nous devons nous soumettre à ce rituel de décontamination surréaliste.

Une fois le plein d'essence effectué, nous repartons. Cette fois pour Montréal. Là, nous louons des véhicules et formons un convoi de six voitures, bourrées de matériel. À la frontière entre le Canada et les États-Unis, je m'attends à une milice armée jusqu'aux dents, étant donné l'état d'alerte maximale dans le pays...

Nous sommes tous épuisés. Il est 2 heures du matin quand la route débouche sur une ligne d'une vingtaine de guérites de douane, dont quelques-unes seulement sont éclairées par des néons. Un fonctionnaire à moitié endormi nous demande nos papiers, les regarde à peine, les tamponne, et nous laisse passer sans s'intéresser une demi-seconde à nos voitures. Et si nous avions été des terroristes ? Bizarre dans de telles circonstances...

Un peu plus tard, nous sortons de notre torpeur pour prendre un petit déjeuner sur la route qui nous mène vers New York. Avec PPDA, nous commençons à parler de nos interventions, de ce que nous allons tourner. Poivre d'Arvor préfère présenter le journal totalement en direct, j'opte plutôt pour un direct en début et fin de journal, avec des plateaux enregistrés entre les deux. Dans la voiture, en écoutant la radio, je commence, en prenant des notes, à imaginer et à préparer ce journal exceptionnel.

Enfin, nous arrivons dans notre hôtel après seize heures de voyage. Curieux et inquiets de ce qui nous attend.

C'est ma première rencontre avec New York. En sortant dans la rue, j'ai l'impression de mettre les pieds dans une église.

– Quelle ville silencieuse !

– Silencieuse ? me répliquent ceux qui la connaissent. C'est un des endroits les plus bruyants au monde ! Les klaxons des taxis, les voitures, les passants, les sirènes de police et de pompiers... On l'appelle « la ville qui ne dort jamais », c'est tout dire.

– Et pourtant, il n'y a pas un bruit.

New York est en deuil. Sous le choc. En état de siège. Le bas de la ville repose sous une épaisse couche de poussière. Dans les rues grises et jonchées de débris, les gens semblent marcher au ralenti, hagards, désorientés. Partout, des pompiers, des brancards, des policiers en armes et même des chars de l'armée. On cherche encore désespérément des survivants dans les décombres des deux tours et dans les immeubles alentour.

Avec Chantal Monteil, ma chef d'édition et complice de toujours, nous décidons d'aller filmer mes interventions dans tous les endroits où il se passe quelque chose.

Dans le plus grand hôpital de la ville, où des bougies illuminent des centaines de photos de disparus, des proches éplorés, à bout de nerfs pour certains, essayent de glaner ici ou là une information.

Dans une caserne, nous apprenons que tous les pompiers sont morts en montant les escaliers des tours juste avant qu'elles ne s'effondrent, ou en tentant de sauver des cols blancs coincés sous les décombres. Pas un seul survivant. Là aussi, des bougies et des photos sont posées sur le trottoir.

Dans un des espaces verts de Manhattan, des femmes et des hommes se sont réunis spontanément pour prier... Partout, des centaines de petites bougies...

Au même moment, nos équipes de reportage tournent des sujets terribles et enregistrent des témoignages poignants.

Le soir, exténués, nous nous retrouvons tous à l'hôtel pour effectuer les montages.

Le lendemain à l'aube, je suis en direct pour le journal le plus « lourd » de ma carrière. En direct ! Encore une prouesse de Jean-François Tissot, responsable technique de l'info. Toujours le portable à l'oreille, la passion dans le regard et dans les tripes, il fait des miracles pour que notre chaîne puisse obtenir la liaison avec Paris. En le regardant, je ne peux m'empêcher de penser qu'il est aussi le plus grand amateur de pêche à la ligne de TF1 et je comprends qu'après une telle pression il ait besoin de décompresser.

*

* *

Exactement huit jours plus tard, le 21 septembre 2001, à 10 h 15 du matin, personne ne se soucie d'un petit hangar contenant trois cents tonnes d'ammonitrates déclassés, situé au milieu des bâtiments de l'usine AZF de Toulouse.

Pourtant, dans quelques minutes, ce hangar sera à l'origine de l'une des plus grandes catastrophes chimiques de France. Comment l'explosion s'est-elle produite ? On ne le saura jamais avec certitude. Une seule chose est sûre, le site industriel, pourtant vétuste et connu pour ses produits toxiques, est entouré d'un tissu urbain important et peuplé. Les quartiers d'habitats collectifs du Mirail et d'Empalot, des bâtiments privés, un centre commercial, des écoles, la faculté du Mirail, l'hôpital de Rangueil... Lourd bilan humain : trente morts, entre deux et trois mille blessés suivant les sources d'information. Une ville entière traumatisée.

Sylvain Dhollande, notre correspondant à Toulouse, me conseille de réaliser le JT dans la tristement célèbre rue Bernadette, une des artères les plus touchées, pourtant située à deux kilomètres du lieu de l'explosion. Nous sommes au cœur d'un drame terrible.

Ce sera ma dernière grande opération spéciale. Jusqu'à quand ? À présent, nous sommes toujours en direct de partout tellement la technologie a évolué. Je vis donc toutes sortes d'actualité depuis le plateau de TF1, mais cela n'a rien à voir avec le fait de se trouver au cœur d'un événement, au milieu de gens qui racontent et qui témoignent de ce qu'ils ont vécu. Sans compter les aléas de ce genre d'expédition.

Je me souviens, par exemple, d'un direct au sommet de l'aiguille du Midi pour présenter le journal de 13 heures avec Christian Brincourt. Il fait un temps superbe. Les caméras embrassent un paysage sublime de cimes enneigées. Tout est prêt. Nous avons monté des tonnes de matériel par le téléphérique. Les techniciens ont encore réalisé un miracle. Tout fonctionne à merveille. Un exploit, à cette altitude ! Je me tiens face au cadreur, il est 12 h 58.

Soudain, un petit nuage malicieux nous entoure d'un brouillard cotonneux. On n'y voit plus à deux mètres. Quel dommage ! Et quel gâchis ! Les téléspectateurs n'ont rien vu de nos splendeurs alpestres.

Trente-sept minutes plus tard, il est temps de rendre l'antenne, les techniciens commencent à ranger les câbles. Alors le petit nuage malicieux se décide à nous quitter, révélant à nouveau l'immensité bleue du ciel et la blancheur de la montagne autour de nous. J'enrage !

C'est ça aussi, le direct en opération spéciale ! Un pari parfois audacieux, et avant tout, un travail énorme de la part des techniciens qui peut être réduit à néant par un coquin de sort...

*

* *

Que de soirées et que de nuits à penser à ce journal de 13 heures pour le consolider et l'améliorer ! Et quel bonheur d'avoir rendez-vous avec le succès ! Pourtant je n'ai pas l'impression d'avoir beaucoup changé au fil de ces longues années. Je reste ce que mes copains appellent « un mec normal ». Là encore, une leçon du passé et de cette mémorable éjection de mes fonctions de présentateur en 1980... À un moment donné, pourtant, mon travail m'a tellement accaparé que je me suis, bien involontairement, éloigné de ma famille. Dominique et moi nous sommes séparés. Autre leçon... Je m'efforce désormais de préserver mes plages « personnelles » (je ne parle pas de celles où s'embusquent les paparazzi, ça va de soi).

En tout cas, sur le plan humain, malgré ce « beau fixe » professionnel depuis dix-huit ans, j'ai toujours essayé par tous les moyens de garder la tête sur les épaules... et les pieds sur terre.

D'abord la terre de ma famille et ma chère Picardie. Le vendredi, dès que le journal se termine, je passe vite à la maison et tout le monde grimpe en voiture pour aller respirer l'air de mon enfance. Je ne connais rien de plus agréable que de sentir le délicieux parfum de l'herbe coupée dans mon grand jardin à une quinzaine de kilomètres d'Amiens, de discuter avec mes voisins de l'art et de la manière de tailler mes arbres ou mes rosiers, de planter quelques fleurs, et de ne penser à rien d'autre. C'est magique. Je me souviens de l'un de ces voisins, un vieil homme disparu aujourd'hui, avec qui je parlais pendant des heures et des heures de la pluie et du beau temps, des champignons, des fruits, des fleurs, mais aussi de sa petite retraite, de ses problèmes pour boucler les fins de mois. Comme il parlait encore en anciens francs, il n'était pas toujours facile de le suivre...

En tout cas, ce contact quasi hebdomadaire avec la vraie vie me fait un bien immense. Là-bas, je coupe toujours mon téléphone portable, une invention dont les plus grands journalistes du monde se sont bien passés jusqu'à il y a un peu plus de dix ans. Donc, ce n'est pas indispensable. Alors, je déconnecte vraiment ! Un passage dans ma petite boulangerie, des soirées au coin du feu ou devant mon cher barbecue : la tranquillité. La joie aussi de retrouver le plus souvent possible mon frère aîné, médecin à Amiens. Lui aussi me parle des difficultés de son métier, si éprouvant et si magnifique. Mais il n'oublie pas ses passions : la chasse et les bonsaïs, qu'il a toujours essayé de me faire partager. Sans trop de succès !

De temps en temps, je retrouve le même calme dans une autre région que j'adore, le Pays basque. Que de promenades agréables dans les rues de Saint-Jean-de-Luz où, entre deux parties de golf, j'aime plus que tout écouter le dimanche matin les groupes de musique traditionnelle sur la belle place Louis-XIV. J'ai rencontré là de véritables amis, Michel, Rosette, Éric, Jean-Michel et quelques autres. Des « vrais gens », comme ceux des îles Chausey au large de Granville. Un paysage à couper le souffle, une traversée maritime en navette pour discuter avec les pêcheurs de crevettes et boire un petit coup de gnôle... J'aime ces endroits où les rencontres me ramènent à la réalité d'une vie que je n'ai plus à Paris. Et je garde le contact, le plus souvent possible.

Jamais je ne me suis considéré comme une « star » du petit écran. Il y a tant d'étoiles filantes que je préfère garder mon équilibre ! Pas de garde du corps, pas de lunettes noires, pas de séjours secrets dans des îles réservées aux milliardaires. J'ai une vie normale, volontiers « papa poule » à la maison, souvent aux fourneaux pour concocter un bon pot-au-feu, une blanquette de veau ou une tarte aux pommes du jardin. J'aime bricoler et fais mes courses, aussi. Quand je pousse mon chariot dans les allées d'une grande surface, je sens les autres clients un peu étonnés de me voir là. Et pourquoi n'y serais-je pas ? Pourquoi tant de gens connus de la télé font-ils semblant d'être différents des autres ? Ça a toujours été un grand mystère pour moi.

Mes enfants, Julia et Olivier, m'ont aussi beaucoup aidé à garder les pieds sur terre. Julia, passionnée par ses études de médecine, n'a jamais supporté les « colifichets de la gloire » de son papa présentateur. Quant à Olivier, en dehors de ses études d'ingénieur, il ne rêve que de sport automobile, et si j'arrive à l'épater, c'est quand je fais « encore » quelques courses avec lui.

Évidemment, je gagne très bien ma vie et j'en profite. Certes, je vais tous les ans en vacances sur ma petite plage près du Lavandou mais je suis tombé amoureux de l'océan Indien. La mer, le soleil, les balades incognito sur des plages magnifiques qui me réservent parfois des surprises.

Un jour, dans une île minuscule de l'archipel des Seychelles, je croise un vieil homme. Il me fait un grand sourire et me tend la main.

– Jean-Pierre, je vous regarde tous les jours à la télé !

Le 13 heures de TF1 est le seul programme en français diffusé par la télévision du pays ! Mon vieil homme n'est jamais sorti de son île et il adore tous les reportages qui lui font découvrir la France. Son préféré ? Celui qui concernait les derniers burons d'Auvergne. Pourquoi cet engouement pour ces petites constructions de pierre où l'on fabrique le fromage dans le Massif central ? Je ne le saurai jamais...

– XIII –

LE 13 HEURES, C'EST LA VIE !

11 novembre 2005, 9 h 30. Petit matin humide et brumeux comme tous les 11 novembre... Il ne reste que six survivants de la Première Guerre mondiale. Ils ont entre cent six et cent onze ans. Peut-être est-ce la dernière fois que nous pourrons entendre, dans le journal, l'un d'entre eux témoigner de l'horreur des combats dans les tranchées. J'y pense avec émotion dans ma voiture en arrivant à TF1.

À la radio, pas un mot. « L'actualité » prime pour mes confrères... Les querelles au sein du PS, les menaces d'actions violentes de bandes de banlieues pendant ce week-end à Paris, les préparatifs d'un match amical de l'équipe de France de football demain soir contre l'Allemagne, la présence de Madonna ce soir à la Star Ac'... Rien sur la Grande Guerre.

J'en ai pourtant tellement entendu parler, de cette guerre, quand j'étais enfant ! Presque tous les hommes de ma famille y ont été tués. Ils avaient entre dix-huit et vingt ans. Des grands-pères, des grands-oncles. De beaux jeunes gens à moustache, fiers de leurs uniformes avant d'aller se faire trouer la peau. Ma mère a toujours précieusement conservé leurs vieilles photos jaunies. Aujourd'hui, pour moi, évoquer le souvenir du sacrifice de centaines de milliers de ces jeunes soldats dans le JT, comme je le fais tous les ans depuis presque vingt ans, me semble indispensable. Le « devoir de mémoire » les concerne eux aussi...

C'est ça, « notre » 13 heures. Un petit supplément d'âme, de souvenir et de respect. Nous n'en oublions certes pas l'actualité brûlante, mais elle n'empêche pas, que je sache, de rendre hommage à ceux qui ont sauvé notre pays. Nous ne devons pas raconter seulement « la vie qui passe », il y a aussi le passé, nos racines, j'y reviens toujours. Bien sûr je parlerai des incidents de cette nuit dans les banlieues. Encore cinq cents voitures brûlées. Mais je donnerai la vedette, pour une fois, aux Poilus.

Six survivants. L'an dernier, ils étaient quinze. Ce sera la une du 13 heures, avec le témoignage de l'un d'entre eux, rencontré par mon ami Jean-Pierre Quittard, comme moi l'un des « grands anciens » de TF1. Un reportage sur une cérémonie commémorative, quelque part dans l'un des innombrables villages où les traditions perdurent...

Je repense au grand-père que je n'ai pas connu. Celui dont j'aimais tant la photo. Celui qui, gazé dans les tranchées, en est mort quelques années plus tard.

Lorsque j'étais enfant, son sourire s'imposait à moi à chaque cérémonie de 11 Novembre, dans mon petit village de Quevauvillers. Avec Mme Gély – l'institutrice – et mes copains d'école, nous chantions la *Marseillaise* devant le monument aux morts. On nous apprenait le respect, l'Histoire. Et en rentrant à la maison, ma mère, tous les ans, ressortait ses vieux clichés, que nous regardions ensemble.

Une heure avant le journal, maman m'a d'ailleurs appelé.

– Écoute, Jean-Pierre, je suis contente. Parce que je sais que tu seras le seul à en parler vraiment. C'est tellement important.

– Oui, bien sûr.

– Les photos sont sur la table... J'attends le 13 heures. Bonne journée...

Une journée qui, pour moi, n'est pas tout à fait une journée comme les autres, mais se déroule pourtant selon le même rituel.

*
* *

8 heures.

Tous les matins, du lundi au vendredi, j'arrive devant l'immeuble de TF1 après mes quarante-cinq minutes de bouchons sur l'autoroute. Mais je mets un point d'honneur à être à l'heure. J'entre dans mon bureau en même temps qu'Anne de Coudenhove, ma rédactrice en chef. Ensemble, nous épluchons les dépêches de la nuit, nous passons quelques coups de fil aux correspondants et au chef d'info qui coordonne le travail des équipes de TF1. C'est le dernier point avant la conférence de rédaction. L'essentiel de nos choix est déjà fait.

8 h 30.

Cérémonial immuable : d'une voix forte et douce à la fois, Anne lance son appel quotidien à l'interphone.

– Bonjour, conférence 13 heures !

Et nous descendons d'un étage pour rejoindre la salle de réunion. Elle porte le nom d'Yvan Skopan, journaliste cameraman tué il y a quelques années au cœur d'une fusillade qu'il filmait courageusement à Moscou.

Ma place m'attend à la proue du bateau. Ou plus exactement, en tête de table. Celle-ci doit mesurer dans les quatre ou cinq mètres de long et deux de large. Elle peut accueillir une trentaine de personnes. Toujours à ma gauche, Anne. Et à ma droite, Alain Baillon ou Franck Baudoux, notre chef d'édition. Tous les responsables des différents services sont présents. La rédaction avec le chef d'info, les reporters d'images, le montage, le service des sports, les liaisons techniques, la coordination avec notre petite sœur LCI, les régions, le réalisateur, le service politique. Plus quelques journalistes de permanence ou qui passent par là et qui sont toujours les bienvenus. Parmi eux, je n'oublierai jamais Pierre Li, spécialiste des problèmes de santé. Pendant des années avant son départ à la retraite, il n'a jamais manqué une conférence alors qu'il n'était pas obligé d'y assister. Mais c'était pour lui le meilleur moyen de vraiment « sentir » le journal et il m'apportait dans tous les domaines de formidables idées. Nous avions une réelle complicité et souvent, d'un simple regard, il m'aidait à prendre telle ou telle décision. Là encore, un travail d'équipe...

Certains ont devant eux les journaux du matin, d'autres prennent déjà des notes. L'objectif de la conférence ? Se mettre d'accord sur les choix de sujets que nous avons faits hier et ce matin, en plus petit comité. Les discuter, ajouter certains détails, suggérer d'autres reportages, bref, faire le point éditorial. Mais aussi organiser les aspects techniques. Si j'ai besoin d'un direct avec un envoyé spécial quelque part en France ou dans le monde, c'est maintenant qu'il faut le prévoir. Il y aura des coups de fil à passer, des fax à envoyer, des satellites à réserver, des organismes internationaux à prévenir...

L'ambiance de la conférence ? Elle varie de studieuse à franchement houleuse ! Certains jours, les choses se décident avec humour... D'autres fois, les discussions se font plus serrées. Chacun a ses réseaux, ses infos, ses opinions. Tous apportent leur pierre à cet édifice qu'est le journal. Or il ne cesse de bouger, de se transformer, tout au long de la matinée, jusqu'à la dernière minute. Il suffit qu'il y ait une nouvelle fracassante, une catastrophe, un attentat (les nouvelles fracassantes sont rarement de bonnes nouvelles) pour que tout doive être remanié.

De toute façon, quelles que soient les discussions, je suis censé avoir le dernier mot. Pas pour le plaisir, mais parce que c'est ma responsabilité. En effet, contrairement à ce que pensent pas mal de gens, la présentation du journal n'est que la partie émergée de l'iceberg, ou la cerise sur le gâteau si l'on se réfère au travail qu'il a fallu faire pour en arriver là. Un travail d'équipe colossal. Tous les jours. Et il ne faut pas « se rater » ! C'est-à-dire manquer une information importante. Or il y en a des milliers. Que choisir ? Quelle place réserver à telle ou telle actualité ? Va-t-elle se développer ? Est-elle exemplaire ? En parlera-t-on encore demain ? Quelle importance va-t-elle prendre dans l'esprit des gens ? Comment bien expliquer tel ou tel événement ? Il n'y a pas de réponses toutes faites à ces interrogations. Nous ne sommes pas dans le domaine des sciences exactes. Question de « pif », de conviction profonde, d'expérience, de réseau – encore une fois, les correspondants régionaux –, mais aussi de ligne éditoriale.

PPDA, Claire Chazal et moi-même sommes quasi autonomes dans nos choix. TF1 met en place les moyens qui nous permettent de fabriquer une édition de qualité, et chacun d'entre nous les utilise à sa guise en fonction de ses besoins. C'est de cette façon que nos JT sont ce que l'on appelle « identifiés », c'est-à-dire très marqués par leur présentateur.

Nous sommes autonomes, mais pas indépendants ni solitaires. TF1 est une énorme machine dont l'information est dirigée de main de maître depuis presque dix ans par Robert Namias. C'est lui qui nous donne les moyens de fonctionner avec une telle efficacité. Il décide, il tranche en cas de doute, il affecte les journalistes dans un service ou un autre. Qu'un événement important se produise, il est le premier sur le pont, en régie s'il le faut, pour orienter et coordonner le travail de chacun. Les responsabilités qui pèsent quotidiennement sur ses épaules sont considérables. Pourtant, c'est toujours avec beaucoup de tact qu'il intervient dans les choix éditoriaux de notre JT. Tact et discrétion car il fait confiance à mon équipe. Mais il veille au grain avec une force et un calme qui m'étonneront toujours. Tous les jours il passe dans mon bureau, un petit sourire aux lèvres quand l'audience de la veille a encore battu des records. Robert – que nous appelons tous « Bob » – m'a toujours soutenu en toute circonstance, cet été par exemple face à l'avalanche de calomnies qui s'est abattue sur moi. Mon complice Patrick Poivre d'Arvor a lui aussi été exceptionnel dans son soutien sans faille.

9 h 15.

Fin de la conférence de rédaction. On retourne dans les bureaux. Le mien est agréable, en angle, au deuxième étage de l'immeuble. Je vois la Seine.

C'est à ce moment que je regarde sur mon ordinateur les courbes d'audience de la veille. Celles-ci ne m'obsèdent plus car il y a belle lurette que nous sommes passés devant France 2, mais j'en tiens compte tout de même. En général, l'Audimat du journal se situe entre sept et huit millions de téléspectateurs, une exception – je l'ai dit – dans le paysage audiovisuel européen, avec 53 ou 54 % de part d'audience[1].

Tous les ans, *Télérama* pose la question : « Quelle est la chaîne dont les informations vous paraissent les plus crédibles ? » Et TF1 arrive en tête depuis de nombreuses années, avec ses deux grandes éditions de 13 heures et de 20 heures, sept jours sur sept. Cette crédibilité nous amène régulièrement un ou deux millions de téléspectateurs supplémentaires quand des événements plus graves se produisent. Les gens savent que TF1 mettra tous les moyens nécessaires pour bien les informer. Et, je le répète, qu'on ne me parle pas de « dictature de l'Audimat ». Si les téléspectateurs choisissent de nous regarder parmi les cinquante ou soixante chaînes francophones qui leur sont proposées à cette heure-là, c'est que nous faisons du bon boulot.

9 h 30.

Coup de fil d'un correspondant régional. Il me propose un reportage sur le beau temps qui perdure dans le sud de la France. Et pourquoi pas ? Souvent, je reçois des lettres me remerciant de ne pas sombrer dans la sinistrose, ou dans le « suivisme » irréfléchi des choix éditoriaux d'autres médias. Le journal raconte la vie.

1. Pourcentage du total des téléspectateurs regardant la télévision – quelle que soit la chaîne – à cette heure-là.

Avec ses bons et ses mauvais côtés, ses actualités dramatiques, insolites ou sympathiques.

Et puis les correspondants m'alertent souvent bien avant les dépêches de l'AFP[1]... Ils savent ce qui peut intéresser le 13 heures, et sont aux aguets. Il est vrai qu'autrefois, « avant », les images concernant un blizzard soudain en plein cœur de Chicago étaient plus faciles à trouver que celles d'une tempête de neige dans le Morbihan...

La porte de mon bureau est toujours ouverte. Une obligation, mais aussi un plaisir, quand on veut rester accessible et profiter des propositions et des avis des uns et des autres. Dans ce domaine, pas de hiérarchie : il se peut qu'une toute jeune recrue émette une idée brillante, il faut pouvoir l'écouter. Un journaliste part en reportage ? Il s'arrête quelques minutes, sa valise à roulettes à la main, pour me demander de quel genre d'images je vais avoir besoin, si je suis preneur de tel ou tel sujet, ou encore, pour un conseil.

Petit dialogue, et parfois, grandes idées !

9 h 40.

Nous nous réunissons dans l'« *open space* », juste à côté de mon bureau, autour d'une petite table ronde. J'arrive avec un papier à la main, où sont listés une vingtaine de sujets. Cette feuille, je l'avais déjà en conférence.

1. Agence France-Presse.

Elle a été préparée hier, et s'est enrichie des notes prises lors de notre entretien.

En face de moi, Marie-José Planson, mon assistante et ma collaboratrice la plus proche pendant toute la préparation du JT. La seule personne que je vouvoie sur les quelque trois mille qui sont à TF1. À part Patrick Le Lay, bien entendu. Pourquoi ? Je n'en ai aucune idée ! Marie-Jo est une jeune femme extraordinaire, mère de trois petits enfants, toujours de bonne humeur et journaliste dans l'âme.

Première arrivée au bureau, depuis 7 h 30 Marie-José a trié les dépêches de l'AFP ou de l'agence Reuters, et reçu des coups de fil de reporters. Elle a préparé des minidossiers sur chacun des sujets déterminés la veille et sur l'actualité de la nuit. Sa fonction : m'aider à rédiger les lancements – mes phrases d'introduction avant chaque reportage –, en appelant les journalistes. Car je n'ai pas encore vu les images. Et pour cause ! Elles sont en train d'être tournées ou montées... Pourtant, pour pouvoir rédiger, il faut bien que je sache de quoi il retourne exactement.

Je pose ma feuille de papier sur la table. Elle va servir de base à l'élaboration du conducteur : la trame du JT... Une vingtaine de sujets auxquels il faut donner un ordre cohérent. En général, vingt minutes d'actualité brute, dix minutes d'enquêtes de société et dix minutes de magazine. La durée de chaque sujet varie entre une minute trente et cinq minutes. Il faut les ordonner... de manière tout à fait provisoire car tout peut changer dans la matinée. Il peut y avoir jusqu'à... cent trente-neuf changements (c'est mon record !) Mais ce conducteur est indispensable. Il sert de base de travail à toute la rédaction, journalistes, techniciens ou monteurs.

À droite de la table où Marie-José et moi sommes assis avec le réalisateur, Jean-Pierre Boulliez ou Thierry Petitdidier, un bureau : celui d'Anne de Coudenhove, rédactrice en chef. Discussion hier, discussion aujourd'hui, points de vue complémentaires et travail en amont...

Pendant ce temps, à son bureau un peu plus loin, l'un de nos deux chefs d'édition, Alain Baillon ou Franck Baudoux, tape sur son ordinateur les sujets et leur ordre théorique. Ces derniers s'affichent, accompagnés de leur durée estimée. Une fois que nous avons terminé ce travail, Alain, le plus ancien de l'équipe, intervient souvent :

– On a cinq minutes en trop, il va falloir couper !

Car une édition doit durer trente-sept minutes. Pas trente-cinq. Ni quarante. Nous devons donc supprimer deux ou trois sujets parmi ceux que nous avions choisis. Et bien sûr pas des reportages d'actualité ! Je demande à Fabrice Decat, tapi derrière son bureau encombré de dossiers – mais il réussit toujours à retrouver la moindre bribe d'information –, ce qu'il en pense.

– Quel reportage on reporte ?

Il me cite une ou deux possibilités. Je tranche.

À ce stade, le journal est encore un puzzle...

10 heures.

Mon premier moment de répit depuis le réveil ce matin à 6 h 15. Moi qui suis plutôt « du soir », je suis gâté mais j'ai fini par m'y habituer... Au bureau, pendant que les sujets se tournent, que le chef d'édition peaufine le conducteur sur son ordinateur, je m'accorde une demi-heure pour penser un peu à moi. J'ouvre le courrier reçu la veille à la maison. Comme tout le monde, je paie quelques factures et je règle des problèmes purement domestiques. Des histoires de plombier, de tondeuse à gazon en panne, de week-ends ou de vacances à organiser. De temps en temps, j'en profite aussi pour faire mes comptes. J'aime toujours savoir exactement où j'en suis dans ce domaine. Chaque année par exemple, je ne laisse à personne d'autre le soin de remplir ma déclaration de revenus... Je passe des coups de fil rapides et j'ai très souvent l'occasion de parler avec mon fils Olivier, quand il n'est pas en cours, de ses courses automobiles, de ses projets et de ses sponsors qu'il a bien du mal à trouver. J'adore vraiment le sport auto. Caché derrière un casque intégral, quel bonheur d'avoir l'impression de passer inaperçu !

Bref, c'est mon petit moment quotidien de déconnexion avant de me replonger dans la préparation du journal.

10 h 30.

Ça y est, le conducteur est bouclé. Il s'affiche simultanément sur tous les ordinateurs de TF1. Qu'est-ce qui le fera changer ? Une nouvelle information incontournable, un reporter dont le pneu de voiture a crevé et qui ne pourra nous transmettre à temps ses images, une panne qui nous prive d'une liaison satellite, une caméra cassée, mais aussi toutes sortes d'événements nouveaux ou d'images imprévues, un reportage que nous pensions différent, et qui, après visionnage, se trouvera beaucoup mieux en troisième position qu'en deuxième... Tout peut arriver.

Néanmoins, à partir du moment où la première version du conducteur est établie, la course a commencé... Anne de Coudenhove descend visionner les reportages à peine montés, fait changer un commentaire qui manque de rythme ou contient une faute de français, demande que l'on raccourcisse un sujet trop long, et reste en contact permanent avec tous ceux qui sont impliqués dans cette édition. Et Dieu sait s'il y en a !

Michèle Brami, mon assistante de toujours, me remet des documents à signer et me fait part d'une nouvelle réunion à laquelle je dois assister demain. Que de chemin nous avons parcouru tous les deux... Des années que nous travaillons ensemble. Elle épluche le courrier du matin. Pas moins de dix kilos par jour ! Des dossiers de presse, des revues, et surtout beaucoup, beaucoup de lettres des téléspectateurs. Les uns nous suggèrent des idées de reportages, les autres me félicitent ou parfois me critiquent... Pardon à tous ceux qui en ont ras le bol de mes cravates bleues, mais j'aime le bleu !

11 heures.

Afin de rédiger les lancements, je descends en « salle de frappe », une petite pièce tout près d'un espace que nous appelons « salle de fabrication » – sorte de tour de contrôle du JT –, juste à côté du studio où je présenterai le journal tout à l'heure. Cette salle de fabrication porte le nom de mon ami Patrick Bourrat dont la disparition tragique dans le désert irakien – il a été écrasé par un char américain – nous a tous bouleversés.

Je m'assieds en face de deux écrans. Sur l'un, le conducteur. Sur l'autre, le texte en train d'être tapé, au fur et à mesure que je le dicte. Les deux écrans sont sans arrêt en mouvement. La dactylo, elle aussi, se tient devant deux écrans identiques. Nous pouvons ainsi travailler en simultané.

À l'extrême droite de la pièce, une table de maquillage, avec un miroir et des lumières appropriées. Mais nous n'en sommes pas encore là.

Me voici dans mon grand fauteuil, devant les écrans. Je ne tiens pas en place. Je me balance, je triture les petits dossiers préparés par Marie-Jo, ou une dépêche qu'on vient de me transmettre. J'ai besoin de mouvement pour organiser ma pensée et concevoir les phrases qui sonneront juste. Quand je les prononce tout haut, c'est un peu comme si je répétais le journal. J'y suis déjà. Je sens le texte au fur et à mesure que je le crée. Je joue avec, peut-être pour mieux le maîtriser par la suite. Mais je n'écris pas tout : je laisse une part à l'improvisation. J'adore, au dernier moment – c'est-à-dire en plein journal –, rajouter une petite note de gaieté, ou de tristesse, ou bien un commentaire qui me paraît judicieux, en fonction de ce que j'ai ressenti en regardant, comme les téléspectateurs, un sujet ou un autre. J'aime tellement partager ce moment avec les millions de personnes qui nous regardent !

Dès que j'ai terminé de dicter un texte, je jette à la poubelle le papier qui m'a aidé à le construire. Je fais place nette au fur et à mesure.

Souvent, alors que je me livre à cet exercice quotidien, des amis, des journalistes ou des collaborateurs entrent quelques secondes. Malgré la tension que je ressens, je les accueille. Ils ne restent pas, ils comprennent. Mais, entre-temps, ils m'ont dit ce qu'ils avaient à me communiquer. Un mot, un message, une remarque. Tranche de vie !

12 heures.

Une femme lumineuse entre dans la pièce et vient se poser quelques minutes près de la secrétaire, à ma droite.

– Bonjour Jean-Pierre !

– Bonjour Évelyne ! Tu vas bien ?

– Oui.

– Quel temps aujourd'hui ?

– Des nuages dans le Nord, du soleil au Sud. Ça se rafraîchit...

Charmante Évelyne Dhéliat, toujours fraîche, pimpante, professionnelle... J'ai vécu les cérémonies du passage à l'an 2000 avec elle. Quel bon duo nous avons fait cette soirée-là ! Et quel souvenir inoubliable quand nous avons admiré, un peu plus tard, l'embrasement de la tour Eiffel !

« Quel temps va-t-il faire aujourd'hui ? » Sauf événement extraordinaire, c'est la première question que nous nous posons quand nous ouvrons nos volets. Le journal est un peu le reflet de ce qui se passe dans notre vie, c'est pourquoi il commence généralement par la météo, sauf, bien sûr, en cas de nouvelle grave.

Jusqu'en 2000, c'était Alain Gillot-Pétré qui venait chaque matin, avec sa bouille sympathique, me parler du temps. Le 31 décembre 1999, il a été emporté par la maladie. Il était 11 heures du matin. Nous avons aussitôt bouleversé le beau journal que nous avions préparé, le dernier JT du vingtième siècle. L'ami Gillot ne verrait pas le vingt et unième. J'avais du mal à ravaler mes larmes.

12 h 32.

Dans la salle de visionnage, tout le monde est à son poste. Anne a repéré un certain nombre de reportages qui posent problème. Une question de timing, ou bien un envoyé spécial qui n'a pas encore réussi à nous transmettre son sujet (il arrivera peut-être au milieu du journal et nous obligera à tout chambouler), ou encore une expression mal venue. Anne ou Fabrice me demandent parfois de trancher quand ils ont un doute. Chacun d'entre nous doit toujours réagir à la seconde.

12 h 37.

Jusqu'au dernier moment, je peaufine mes lancements et je passe quelques ultimes coups de fil à mes deux secrétaires, Louisa et Constance, qui assurent la permanence au bureau du deuxième étage.

12 h 40.

Je mets ma veste et noue ma cravate bleue. Jusque-là, j'étais en bras de chemise. Une vieille habitude. Au bureau, je ne porte jamais ni veste ni cravate.

Pendant des années, pour juguler le trac, j'ai tenu entre mes doigts un trombone que je pliais et dépliais sans arrêt dans les minutes précédant 13 heures. Aujourd'hui, je peux m'en passer.

12 h 45.

La maquilleuse arrive, avec son fond de teint, ses houppettes, et sa bonne humeur. Coups de pinceaux obligatoires pour supporter l'éclairage cru des projecteurs. Petit moment de détente, jamais totale pourtant. Je relis mes textes une dernière fois. Je les modifie au besoin. Presque tous les jours, il faut encore remanier le conducteur. Un vrai château de cartes, celui-là : il se construit et se déconstruit sans cesse.

Pendant ce temps, juste entre la salle de frappe et le studio, dans la salle de fabrication, devant un mur d'écrans impressionnant, cinq ou six personnes travaillent fébrilement sur leurs ordinateurs. On met la dernière main aux « incrustations » (les textes, en bas de l'écran de télévision, qui contiennent les noms des intervenants), Marie-Jo reçoit les dernières dépêches, on surveille, on répond à des coups de fil d'envoyés spéciaux. Anne de Coudenhove va bientôt quitter la salle de fabrication pour s'installer en régie.

12 h 55.

J'y vais ! Je m'assois devant la caméra principale. Je salue le cadreur. À ses côtés, l'assistante du réalisateur. Elle me tend la petite oreillette qui me permettra de rester en contact avec le chef d'édition en régie. Sur le plateau, l'assistante me fera des signes, tout au long du journal, à la fin de chaque reportage, pour que je sache combien de temps il reste avant que je sois de nouveau à l'antenne.

Dans le studio, il fait frais. C'est une grande pièce de cent mètres carrés, dont le haut plafond est garni de centaines de projecteurs. Quelques-uns sont allumés, d'autres n'ont pas servi depuis longtemps. Au fond de la pièce, la maquilleuse prend place. On peut avoir besoin de ses services pour un raccord, si je me mettais à transpirer.

Marie-Jo s'est installée derrière un ordinateur et va continuer à surveiller les infos de l'Agence France-

Presse jusqu'à la fin du journal. Elle se connectera aussi au site Internet de la Bourse pour connaître les chiffres en temps réel.

Bien installé sur ma chaise, je pose le conducteur papier, version numéro sept, ou vingt, ou quarante, sur le bureau du plateau. Et dire que cela peut encore changer en cours de journal !

Dans ma table de présentateur, sous une vitre, trois écrans : le conducteur, les dépêches et le JT de France 2, dont je n'entends pas le son, mais que je vois à tout hasard et par curiosité. Je répète un peu. Dans mon oreillette, le chef d'édition, Alain, me tient au courant des dernières modifications.

Devant moi, le cadreur me jette un regard complice. Les caméras à droite et à gauche du plateau, elles, sont automatiques depuis quelques mois...

12 h 59.

Générique.

– Mesdames et messieurs, bonjour !

Je n'ai pas plus de téléprompteur aujourd'hui qu'il y a dix-huit ans. Il m'arrivera peut-être d'écorcher un mot, mais je trouve vraiment plus naturel de jeter de temps à autre un coup d'œil à mes notes plutôt que de lire mot à mot un texte qui défilerait devant mes yeux. Un très vieil outil, ce téléprompteur dont la plupart de mes confrères n'arrivent pas à se passer ! Il existe depuis presque quarante ans et j'ai la faiblesse de croire que la manière de parler à la télévision a dû changer depuis...

Je vis profondément chaque instant de ce direct. J'y mets tout mon cœur et parfois des émotions. J'essaie toujours de garder ma réserve et mon objectivité, mais il m'arrive de sourire ou, à la fin d'un reportage sur les régions, après avoir vu des images particulièrement belles ou entendu des propos sages d'« anciens », d'avoir les larmes aux yeux. Je ne peux m'en empêcher.

Cependant, quelle que soit la qualité de ma prestation, je ne serais rien sans l'activité considérable qui règne en régie. Celle-ci est située juste derrière moi, séparée du studio par un mur de verre. La régie, je l'ai dit, c'est un peu la salle de contrôle du journal. Le pont du bateau. Au côté du réalisateur, le capitaine, Alain Baillon, donne ses ordres à l'équipage. Cela va très vite. Si, par exemple, un reportage d'actualité « chaude » vient d'arriver, il faut l'intégrer au journal. On s'aperçoit qu'il est long ? Il faudra supprimer un autre sujet. Tout ça se décide en quelques secondes. Le temps, aussi, de m'avertir pour que je change à nouveau mon lancement...

Improvisation, toujours. Magie du journal. Les idées et les mots se débloquent, volent vers leurs destinataires sans effort. Une sorte d'état de grâce. Et un miracle quotidien.

13 h 40.

Je sors du studio. Rapide démaquillage (avec des lingettes pour bébé). Rapide débriefing avec Anne et Fabrice. C'est bientôt le moment du déjeuner, le plus souvent d'ailleurs avec mon équipe dans un bistro voisin pour imaginer, déjà, ce que pourra être le journal de demain. Il faut encore et encore, comme tous les jours jusqu'à 19 ou 20 heures, trouver des idées, préparer, trancher... L'aventure ne s'arrête jamais, même pendant mes vacances, cela va de soi, où Jacques Legros, depuis des années, me remplace. L'information doit se transmettre tous les jours.

*
* *

Un journal, c'est une ruche. Deux cents personnes qui se mobilisent chaque jour. Celui qui s'occupe des incrustations, l'assistant réalisateur, le cadreur, le rédacteur en chef, les responsables de service, les journalistes, les monteurs... tout le monde fait des efforts considérables pour que tout soit prêt en temps et en heure.

Mais cette ruche devient mille fois plus animée quand arrive un événement d'importance. Tout à coup, vingt, trente, quarante personnes se précipitent et débarquent dans la salle de fabrication. Du plus petit stagiaire aux patrons, tous descendent se mettre au service de l'antenne. L'un va couper des dépêches, l'autre m'apporte un verre d'eau, un troisième va chercher des infos, un quatrième trouve une idée de reportage, un cinquième va prendre sa valise et s'en aller sur le terrain... Quelle que soit l'heure, quel que soit le jour, tous les journalistes qui peuvent apporter leur soutien à l'émission le font. Certains sont prêts à partir au bout du monde sur-le-champ. À sacrifier leur vie de famille. À courir des risques. C'est formidable ! L'ambiance, électrique et survoltée, me remplit de bonheur. Ces moments miraculeux, je les vis au plus profond de moi, m'identifiant totalement à mon métier. J'ai l'amour du travail bien fait et, surtout, un profond respect pour tous ceux qui nous accordent leur confiance : les téléspectateurs qui nous regardent.

– XIV –

DE LA CHASSE AU GASPI À LA TÉLÉRÉALITÉ

Mai 1991.

– Allô, Jean-Pierre ? Je viens de déjeuner avec Christophe Dechavanne. On souhaite lancer une nouvelle émission, entièrement consacrée à l'argent...

Étienne Mougeotte, le verbe clair, a l'air en pleine forme. Je l'interromps tout de même brièvement :

– Un sujet tabou !

– Oui, mais traité du côté de la vie quotidienne des gens et de leurs dépenses.

– Et qui produirait ?

– Coyote, la boîte de Dechavanne. En plus, c'est un nouveau concept. L'émission sera à la fois informative et divertissante. Aux États-Unis, on appelle ça de « l'info-*tainment* », une contraction d'information et d'*entertainement* (divertissement)... Ça veut dire qu'il y aura des plateaux, des invités, des reportages. On a pensé à toi pour la présenter et en être le rédacteur en chef, parce que c'est un sujet qui t'irait bien. Je me trompe ?

– Non. J'y réfléchis dix minutes et je te rappelle.

– Une petite précision, Jean-Pierre. L'émission s'appelle « Combien ça coûte ? ». Ça tombe sous le sens, non ?

Dix minutes plus tard, la réponse est oui. L'idée me plaît doublement : un sujet intéressant et une nouvelle aventure...

Christophe Dechavanne, que j'ai déjà eu le plaisir de croiser plusieurs fois, m'appelle dans la demi-heure. Nous prenons rendez-vous dans ses bureaux pour lancer le premier « info-*tainment* » de la télévision française.

Grande table de réunion, espace agréable. Christophe me présente un jeune homme, Stéphane Courbit. Un type mince, discret, souriant et doué pour l'organisation. C'est lui qui a eu l'idée de ce divertissement informatif. Aussitôt, nous nous attelons à une tâche impressionnante : imaginer quatre-vingts reportages pour les huit émissions prévues pendant les deux mois d'été sur TF1 et que nous devons enregistrer dans six semaines ! Je suis loin de me douter que Stéphane deviendra, dans les années à venir, l'un des plus grands producteurs de ce pays – associé à Arthur –, à la tête d'Endemol France, l'entreprise qui produit la plupart des « *reality shows* » diffusés sur les chaînes de l'Hexagone.

Nous voilà donc ensemble, cogitant pendant des jours et des jours pour trouver des idées : l'argent public gaspillé, l'argent du luxe, celui des arnaques, celui du jeu, des arts, du show-biz, de la médecine, des vacances, de la vie quotidienne. L'argent est un sujet inépuisable.

Nous notons tout ce qui nous passe par la tête, les thèmes, les invités, les décors... Souvent, Christophe Dechavanne vient nous voir, nous livre son opinion, trouve des solutions aux problèmes, supervise.

Je demande à Bernard Nicolas, chef des reportages de l'information de TF1, de nous donner un coup de main. Il nous trouve pigistes et journalistes de la chaîne disponibles pour nous aider à gagner notre défi.

Le soir, nous faisons livrer des pizzas et continuons notre travail passionnant.

Et puis un matin, nous nous retrouvons en studio. Trois jours pour enregistrer huit émissions !

Première répétition.

J'arrive sur le plateau avec mes fiches. Sur chacune d'elles, j'ai rédigé consciencieusement mes interventions, au mot près : « Bonsoir mesdames, messieurs, bienvenue à cette nouvelle émission qui s'appelle "Combien ça coûte ?"... »

En me voyant, Dechavanne me lance un sourire narquois :

– Tu ne vas pas lire des fiches ?

– Euh...

– Tu ne *peux* pas lire des fiches ! On n'est pas dans un JT... Comment vas-tu faire pour écouter tes invités, réagir à leurs questions, faire vivre le plateau ? On donne de l'info, d'accord, mais on divertit, ne l'oublie pas...

Christophe se déplace rapidement, virevolte dans le studio qui se prépare. Puis il fond sur moi, prend mes fiches d'un mouvement inattendu, et les jette à la poubelle ! Le tout avec un immense sourire malicieux.

Il se trouve peut-être pour la première fois derrière les caméras, mais il a un solide passé d'animateur. Et je suis en train de prendre une vraie leçon. Il est clair que je dois lâcher prise et me lancer... Désormais, j'arriverai avec *quelques* fiches où figureront *quelques* indications, afin de me repérer. Point final.

Notre premier invité, François de Closets, est le plus légitime qui soit, vu tous les livres qu'il a déjà écrits sur le thème de l'argent. Des ouvrages sans complaisance et pleins de bon sens [1]. De plus, c'est un excellent professionnel de la télévision. Qui rêver de mieux pour essuyer les plâtres d'une « première » ? Il se montre parfait.

1. Entre autres *La Grande Manip*, Éditions du Seuil, 1991, et *Tant et plus, comment se gaspille notre argent*, Éditions du Seuil/Grasset, 1992.

Deux heures plus tard, deuxième enregistrement, deuxième invité : Thierry Lhermitte. Peu avant d'entrer sur le plateau, il demande à me parler.

– Euh... Vous savez, j'aimerais que l'on ne me demande pas combien je gagne. Vous comprenez, cela me gênerait, comme, j'imagine, ça embêterait pas mal de gens s'ils étaient à ma place, non ?

Il a raison. Mais je n'y ai même pas songé. Dans mon esprit, les invités sont là pour réagir aux reportages, pour parler de la façon dont ils dépensent – ou ne dépensent pas – leur argent, c'est tout. Sont-ils radins ? Dispendieux ? Flambeurs ? Incohérents ? En aucun cas je n'ai imaginé leur demander directement quels étaient leurs revenus.

À vrai dire d'ailleurs, je ne pense pas que les Français soient mûrs pour ce genre de confidence. Ainsi, nous pouvons souvent tout savoir des querelles domestiques de nos voisins, des problèmes scolaires de leurs enfants, où ils iront en vacances, mais ils nous parlent très rarement de ce qui fait bouillir la marmite. Tabou !

Moi-même, je n'aime pas répondre à ce genre de question. Je suis convaincu que la réponse pourrait ne pas être « mesurée » à sa juste valeur par tout le monde. En fait, un chiffre ne veut rien dire. Il faudrait pouvoir expliquer les années de travail, la précarité des situations, les horaires impossibles, le stress permanent. C'est valable pour bien des professions mais quand on entend brutalement le simple montant d'un revenu plus que confortable, on peut ne pas toujours comprendre, encore moins admettre. Pour ma part, quand j'étais au salaire minimum de la rédaction, je n'enviais pas les autres, mais ce n'est pas toujours le cas. Et quand on me dit qu'il est scandaleux que tel footballeur ou tel artiste « s'en mette plein les poches », je réplique que, si cela peut donner aux jeunes l'envie d'en faire autant, dans ces disciplines ou ailleurs, alors tant mieux.

Quoi qu'il en soit, je réponds à Thierry Lhermitte qu'il n'a pas de souci à se faire. Nous tenons à ce que nos invités passent un bon moment avec nous. Nous ne sommes pas des agents du fisc !

Et nous nous retrouvons tous sur le plateau. Quelques reportages plus tard, l'ambiance s'est animée. Une atmosphère sympathique et détendue que nous devons à Isabelle Quenin, venue tout droit de France Inter pour préparer de rapides portraits des invités, qu'elle commente sur le plateau de sa voix douce, accompagnée d'un regard de braise. Le ton est donné pour longtemps, grâce à elle.

Thierry Lhermitte se sent donc parfaitement à l'aise, et moi aussi. Dans le cours de la conversation et parce que nous parlons du fisc, je lui demande :

– Et vous Thierry, j'imagine que vous payez beaucoup d'impôts...

– Un million cinq cent mille francs, me répond-il du tac au tac.

Et il ajoute :

– Exactement la moitié de ce que je gagne !

Là, nos yeux se rencontrent, et nous partons tous deux d'un grand éclat de rire...

Le rire... La légèreté dans le ton, le sérieux dans les

sujets... Très vite, je me prends au jeu de « Combien ça coûte ? ». Cela devient un peu ma récré, ma détente. D'autant plus que l'émission, dès sa sortie, est un succès. Les téléspectateurs ne boudent pas leur plaisir. L'argent les intéresse, le leur, celui qu'on dépense (ou gaspille) en leur nom, les grosses fortunes, le coût des grands travaux...

*
* *

À la rentrée de septembre, Étienne Mougeotte décide de garder l'émission dans les programmes, désormais une fois par mois, toujours en deuxième partie de soirée et... en direct.

Or en direct, il peut se passer tout et n'importe quoi. C'est ça que j'aime ! Je me rappelle ce jour où Michel Leeb, en train de faire une omelette (nous avions organisé un concours amusant avec le regretté Bernard Loiseau), pète soudain les plombs, prend un œuf et me le casse sur le crâne ! Puis il jette d'autres œufs dans le public, et m'en écrase encore un sur la tête ! Et moi, pour ne pas être en reste, je lui renverse un plat de mayonnaise sur la tête...

À la pause publicitaire, comme deux gamins, nous nous essuyons le plus rapidement possible, tentant de remettre un peu d'ordre et de propreté dans nos chevelures respectives. Devant notre empressement maladroit, la femme de Michel Leeb arrive en souriant.

– Ce n'est pas grave, vous couperez ça au montage.

– Mais on est en direct ! répondons-nous en même temps.

Nouvel éclat de rire.

Autre soir, autre folie : Vincent Lagaf m'arrache les fiches des mains et les jette en l'air, l'œil narquois. Elles retombent en une pluie de notes désormais inutiles. L'espace d'une seconde, je suis un peu désorienté... Et tout le monde se marre.

Et puis cette rencontre tellement improbable : nous invitons ensemble, côte à côte, Arlette Laguiller et Paul-Loup Sulitzer. Ce jour-là, en début d'émission, l'atmosphère est glaciale. Mais petit à petit, nous assistons à un vrai miracle.

– Ma voiture me coûte la peau des fesses ! déclare Paul-Loup.

– À qui le dites-vous ! réplique Arlette.

Ils ne parlent certainement pas de la même voiture, mais qu'importe, ils se mettent à papoter sur le sujet, et vont jusqu'à se donner du « Écoutez, Arlette » et du « Je comprends bien, Paul-Loup »... Évidemment, leurs opinions sont différentes, mais leurs préoccupations les unissent, et cela met une ambiance des plus agréables sur le plateau.

Bref, nous nous amusons bien. Et l'émission s'étoffe rapidement. Christophe décide d'y intégrer des chroniqueurs. Parmi eux, Pascal Bataille et Laurent Fontaine, qui s'intéressent depuis longtemps aux problèmes d'argent, en tant qu'auteurs du guide *Paris Combines*. Ils apportent à « Combien ça coûte » la dimension « bons plans ». Parfois limite, mais souvent très drôle.

Ainsi, un jour, ils expliquent comment ne pas payer d'amendes si l'on se fait « flasher » sur la route.

– Le tout, disent-ils, est de faire en sorte que le conducteur ne soit pas reconnu. Et pour cela, nous avons roulé... masqués !

Aujourd'hui, un tel sujet serait considéré comme politiquement incorrect, mais à l'époque, comment ne pas se réjouir de voir le président de la République d'alors, François Mitterrand, devenu, par masque interposé, chauffard dans une Clio...

Une autre fois, toujours dans le même registre, Bataille et Fontaine posent des questions « fondamentales » comme : Combien cela nous coûterait-il si... nous nous baladions nus dans Paris – un groupe de comédiens joue la scène et se fait arrêter par la police –, ou si... nous faisions du camping en plein Champ-de-Mars ? Loufoque mais très révélateur...

À la tête de l'équipe, Jacques Expert, un fantastique rédacteur en chef, sérieux et curieux de tout. Il concocte de vraies enquêtes, il invente des montages rapides et modernes dont le style est véritablement nouveau. Son épouse Valérie nous rejoindra très vite pour coprésenter l'émission avec moi pendant près de deux ans. Laurence Ferrari fera chez nous ses premières armes de direct. Puis il y aura Laurence Thiriat, Bianca Holst, Anne-Bérangère Odin, Renaud Hétru, Stéphane Thébaud, Fabrice Collaro, Frédéric Siaud, Nicolas Rossignol, Renaud Rahard, Nathalie Vincent et même Sophie

Thalmann. Une vraie bande à l'antenne. Parmi tous ces chroniqueurs, l'un de mes meilleurs complices, David Gonner. Simple et direct dans ses commentaires, il a lui aussi l'émission dans les tripes et il est l'un des rares à savoir manier l'ironie avec talent. « CÇC » a toujours été impertinente. Mais cela n'a jamais été un espace pour régler ses comptes. David le sait. Il est parfait et n'a jamais manqué de me faire un petit clin d'œil avant chaque direct.

– Bonne émission, Jipé !

*
* *

De nombreux thèmes font très vite la renommée de « Combien ça coûte ? ». Par exemple, l'argent public, avec une rubrique appelée *Par les fenêtres* qui se révèle bougrement édifiante ! D'ailleurs, à l'arrivée d'une de nos équipes de reportage dans une commune, les élus locaux tremblent souvent. Et ils n'ont pas tort, car nous ne nous privons pas d'épingler leurs erreurs, mais toujours avec humour, même si ce n'est pas toujours drôle.

Je me rappelle ce village du Nord où, pour résoudre les problèmes de circulation posés par les camions, on avait construit une rocade à grands frais (plus de cent millions de francs). Cette fameuse rocade était enjambée par deux ponts. Petit problème : un ingénieur, quelque part, s'était trompé dans les calculs. Résultat, aucun camion ne pouvait passer sous les ponts. J'entends encore une directrice départementale de l'équipement croyant faire un bon mot en disant, à propos de cette coûteuse erreur :

– Mais ce n'est pas grave, on n'a qu'à creuser la route !

Et d'éclater de rire.

Nous, nous riions jaune, et les téléspectateurs aussi.

Un autre jour, en montagne, nous faisons un reportage sur un petit village qui avait rêvé de devenir une station de sports d'hiver. Une magnifique remontée mécanique avait été installée... sur une pente où la neige, de mémoire de montagnard, n'était jamais tombée ! À quelque temps de là, dépitée, la municipalité l'avait revendue à une autre station. Neuve, mais à moitié prix, et quand nous avons diffusé ce reportage, les contribuables locaux continuaient de payer une addition très salée...

Ou encore, cette histoire de parking municipal, dans une grande ville du Midi, où il était impossible d'accéder, sauf à posséder une voiture minuscule.

En tout, presque deux cents exemples d'argent public gaspillé diffusés en quinze ans ! Aberrations administratives, manque de formation des élus et folie des grandeurs peuvent prêter à rire, mais les personnes concernées qui vivent dans ces communes s'amusent beaucoup moins. Bilan des quinze ans : autour de cinq milliards de francs (pas loin d'un milliard d'euros) d'impôts payés par les contribuables pour rien !

Mais il n'y a pas que l'argent public... Les Français s'intéressent parfois à l'extraordinaire, au luxe, aux extravagances de certains nababs, comme cet émir dont les toilettes sont en or, ou ce cheik qui possède une caravane de quinze mètres de long pour y loger ses concubines. Les téléspectateurs veulent aussi parfois savoir le prix des choses, tout simplement : combien coûtent les vacances, les loisirs ou les jeux de hasard... Pour ma part, je ne supporte pas de miser plus de dix euros dans une machine à sous – je déteste le gaspillage ! – mais j'adore l'ambiance des salles de jeux, et je comprends qu'elles puissent fasciner.

Au fil des mois, je m'aperçois que « Combien ça coûte ? » m'apporte un public nouveau : souvent des citadins, des jeunes aussi, peu habitués au journal de 13 heures. Cela m'enchante.

*
* *

L'ambiance de travail, à Coyote, est la plupart du temps au beau fixe. Bon, évidemment, Christophe Dechavanne peut *aussi* avoir un caractère de cochon, et je ne suis pas en reste quand une bonne dispute se prépare. Mais ça se termine toujours autour d'un verre.

Et puis quel talent, ce Christophe !

Un jour, il introduit un nouvel élément important dans le décor du plateau. Une reproduction de la tête de la statue de la Liberté, haute de six mètres ! Certes, j'ai l'habitude des changements, à « Combien ça coûte ? »... Ainsi, au début, nous présentions l'émission dans un décor de banque, avec un tas d'or factice et des bancs, « en or » eux aussi, sur lesquels nous nous asseyions, les invités et moi. En *prime time*, nous avons ensuite inventé le « décor évolutif » : à chaque saison son décor spécifique de plantes, d'arbres ou de fleurs. Mais là, une tête comme celle-ci, symbole de l'Amérique, elle-même symbole de l'argent... Comment expliquer ça au public ? Quelques insomnies après m'être posé cette question, je n'ai toujours pas trouvé la réponse. Comment vais-je m'y prendre ?

Au début de la répétition, Christophe me dit, goguenard :

– Pourquoi veux-tu absolument expliquer ? Il n'y a rien à expliquer ! Tu passes devant la tête, tu dis « bonjour madame », et ça y est, la statue est dans le décor !

Tout en parlant, il mime l'action.

Je reste admiratif. C'est tout bête mais tellement génial. Le direct commence, j'entre dans le studio... « Bonjour madame. » Et ça marche ! Ce type est un animateur étonnant.

Par ailleurs, j'admire qu'il soit aussi chef d'entreprise. Est-ce parce que j'ai toujours été salarié ? Pour ma part, je ne me vois pas devenir producteur, en train de gérer de gros budgets, du personnel, et finalement prendre des risques...

Quoi qu'il en soit, notre duo animateur-producteur fonctionne bien et, en 1996, l'émission est intégrée au programme de première partie de soirée, le fameux « *prime time* ».

C'est Muriel Robin qui inaugure la formule, avec un arbre de Noël gigantesque. Elle se montre exceptionnelle, comme à son habitude. Une kyrielle de vedettes va lui succéder. Acteurs, chanteurs, humoristes, journalistes, écrivains, hommes politiques, scientifiques, top models, chefs d'entreprise et même un militaire se prêtent au jeu. Pourtant, il n'a pas toujours été facile de les faire venir : pour avoir un invité, il faut en appeler cinquante ! Ils ont tous peur de parler d'argent.

Certains de ceux qui ont accepté m'ont pourtant étonné. Michel Charasse, ministre du Budget à l'époque, quand il nous a déclaré qu'il ne payait jamais par chèque mais plutôt en liquide, pour ne pas laisser de traces ! Michel-Édouard Leclerc, venu nous parler des caisses noires des partis politiques, dont une partie des recettes viendrait des entreprises...

Rencontres sympathiques, aussi, avec Rika Zaraï – qui deviendra une amie –, Pamela Anderson qui nous impressionne tous ce jour-là, ou encore Mimie Mathy, Laurence Boccolini, Victoria Abril, Jean-Claude Brialy et tant d'autres.

Sans compter qu'une rencontre en amène parfois une autre. Le jour où j'ai vu pour la première fois Geneviève de Fontenay, qui accompagnait Sophie Thalmann, la Miss France de l'année, j'étais loin de me douter que le destin frappait à ma porte... Mais n'anticipons pas.

En fait, en quinze ans, nous allons, grâce à cette émission, briser petit à petit le tabou de l'argent dans notre pays et connaître un énorme succès. À un moment, nous flirterons avec les dix millions de téléspectateurs ! D'autres émissions se lanceront sur le même créneau, comme « Capital » sur M6, mais d'une manière tout à fait différente.

Au fil des ans, nous suivons l'évolution de la société en modernisant toujours le contenu et la forme de notre show. Après l'essai raté de coprésentation avec Évelyne Thomas en 2004, l'année suivante, nous inaugurons une nouvelle mouture, avec davantage d'enquêtes, malheureusement sans ma bande de chroniqueurs, mais en gardant l'état d'esprit des débuts.

Quoi qu'il en soit, à la fois présentateur du 13 heures et animateur de « Combien ça coûte ? », deux émissions regardées au minimum par sept millions de personnes, je suis heureux de pouvoir exister à la fois sur le registre sérieux et divertissant. Je n'en reste pas moins d'abord un journaliste. Mais je n'ai jamais pensé qu'un journaliste devait être forcément triste et guindé. À « Combien ça coûte ? », je suis comblé. Une chance rare et j'en ai conscience. C'est la cerise sur le gâteau.

*

* *

En fait « CÇC », en 1991, n'était pas ma première expérience en dehors du cadre assez strict des journaux télévisés. J'ai déjà parlé de « Transcontinental » et du rendez-vous d'Annick mais, beaucoup plus tôt, il y avait eu « Clap Chanson », en 1975. Chaque mercredi après-midi, je recevais un chanteur pendant une quinzaine de minutes dans les programmes pour enfants de Christophe Izard. Cela n'a duré que quelques mois. Patrick Sabatier, qui faisait ses débuts dans le même programme, a eu plus de succès... Quelques années plus tard, autre essai dans les variétés : « Les Étoiles du rire », cette fois en *prime time* avec Jean Roucas. Un bide...Toujours en *prime time*, j'ai également animé une série de cinq émissions produites par Pascale Breugnot : « Unis pour vaincre », un programme humanitaire dont je suis fier mais qui, hélas, n'a pas « marché » non plus.

Cela dit, j'ai quand même eu des satisfactions en tant qu'animateur. D'abord, dans « Tout le monde se lève pour... David Douillet », en hommage à l'un de nos plus grands champions. Une émission produite par mes grands amis Bataille et Fontaine. Ce soir-là, j'ai fait la connaissance du comédien Jean Reno, un homme à l'immense talent et à la simplicité remarquable. Quant à David Douillet, nous nous lierons d'amitié...

Autre émission éphémère de ma carrière : « Salut la France », que j'ai présentée en duo avec une femme formidable, Laurence Boccolini. J'ai le souvenir d'une soirée rigolote et notre duo fonctionnait à merveille. Nous étions face à une centaine d'élus locaux regroupés dans une sorte d'amphithéâtre où ils devaient répondre à un questionnaire sur leur connaissance des régions, des traditions et des lois républicaines. Autre duo, avec Évelyne Dhéliat pour le « Millenium », cette fameuse émission du passage à l'an 2000 au pied de la tour Eiffel. J'adore Évelyne et nous sommes aussi complices à l'antenne que lors de nos virées golfiques au Pays basque. Mais à côté de ces bons souvenirs, il y en a bien évidemment quelques mauvais.

En 2002, TF1 m'a demandé d'animer au côté de Flavie Flament un programme quotidien dédié à la Coupe du monde de football. J'étais enthousiaste et j'avais en tête l'extraordinaire aventure du stade de France quatre ans plus tôt, la victoire face au Brésil dans cette finale mémorable. Je me souviens que le lendemain de la victoire des Bleus, dans un sous-sol de la Fédération française, j'avais présenté avec nos champions du monde un JT qui détient encore aujourd'hui le record d'audience : presque onze millions de téléspectateurs !

Donc, nous voilà, Flavie et moi, dans « Tous ensemble ». Elle parce qu'elle aime le foot, moi parce que j'adore le direct. La veille de notre grande première, je demande imprudemment aux « footeux » de TF1 :

– Et si les Bleus perdent demain face au Sénégal ?

– Jean-Pierre, me répond-on avec condescendance, on voit bien que tu n'y connais rien. La France a la meilleure défense du monde, la meilleure attaque, les meilleurs milieux de terrain. Ta question est stupide !

Ah bon. Effectivement, je ne suis pas journaliste sportif mais j'ai fait beaucoup de sport, à un haut niveau, et je sais que tout est possible. J'ai aussi constaté, comme tout le monde, les ravages d'une notoriété trop brutale sur ces jeunes sportifs. Presque tous se prennent pour des stars depuis leur titre de champions du monde et cela ne fait jamais bon ménage avec la compétitivité. Pourvu qu'ils ne deviennent pas, eux aussi, des étoiles filantes...

Et patatras ! Le 31 mai 2002, la France perd 1 à 0 face au Sénégal. Trois heures plus tard, c'est dans une ambiance assez lugubre qu'a débuté notre « Tous ensemble », et je ne garde vraiment pas un excellent souvenir de ce mois footballistique !

Je n'en avais pas fini pour autant avec les coprésentations. À « Combien ça coûte ? » mon expérience de 2004 avec Évelyne Thomas ne m'a pas laissé non plus un formidable souvenir. J'improvise. Pas elle. J'aime la convivialité de cette émission où tout peut arriver. Avec Évelyne, l'exercice n'est guère facile et, c'est son choix, elle partira trois mois plus tard.

En tout cas, « Combien ça coûte ? » restera pour moi, quoi qu'il arrive, une formidable aventure...

*
* *

Depuis quelques années pourtant, nous sentons tous que la télévision est en train d'évoluer. M6 a ouvert le bal avec une première émission de téléréalité, « Loft Story ». Tous les critiques s'en sont donné à cœur joie, à l'époque, pour dénoncer à l'avance une « télé poubelle » indigne des Français. Au fond de moi, je pensais qu'ils n'avaient pas tout à fait tort, mais j'attendais de voir... Comme tout le monde, curieux, j'ai regardé quelques épisodes de ce fameux « Loft », qui ne m'ont pas laissé de grands souvenirs. C'était peut-être « moderne » mais je n'y voyais aucun intérêt. Pourtant, naïf, j'étais persuadé que tout ce que l'on nous montrait était le reflet de la réalité, vu le nom donné au genre.

Plus tard, ce type d'émission s'est multiplié et la seule qui trouve grâce à mes yeux est la « Star Academy ». Au moins, les jeunes qui y participent apprennent quelque chose et préparent un spectacle de qualité tous les vendredis en *prime time*.

Quand Nathalie me parle de « La Ferme Célébrités », je suis très réticent, je l'ai dit, mais son combat pour son association Ti'toine finit par me convaincre. Et nous voilà, dans les derniers jours d'avril 2005, dans une loge des studios de la Plaine-Saint-Denis où je l'accompagne avec tous ses bagages. Quatre énormes valises ! Elle est persuadée qu'elle peut rester jusqu'à la finale et a tout préparé pour ne manquer de rien. Il fait une chaleur suffocante. Nous avons été convoqués très tôt, en milieu d'après-midi, et je me demande bien pourquoi puisque Nathalie ne rejoint « La Ferme » que le soir... En fait, un assistant nous rejoint dans cette loge pour vider méthodiquement les valises. Tout y passe. Il « vérifie », me dit-il. Certes, les candidats n'ont pas le droit d'emporter avec eux des téléphones portables ou des sèche-cheveux, mais que peut-il vérifier dans les sous-vêtements ? Dès ce moment, j'ai l'impression bizarre d'une évidente volonté de dépersonnaliser ceux qui ont posé leur candidature pour ce jeu, ou accepté d'y participer.

Quand j'apprends peu à peu ce qui se passe à l'intérieur de la fameuse ferme de Visan, cette première impression se confirme. Par exemple, je découvre que le courrier reçu par les candidats ne leur est pas forcément aussitôt distribué. Il est d'abord ouvert et lu par des assistants de la production. Personne n'a pourtant informé les familles ou les amis de ce genre de... détail !

En plus, au fil des émissions, je crois vraiment déceler le désir de « modeler » le caractère de tous les candidats pour en faire les instruments d'un scénario, des acteurs marionnettes dont on donnera l'image que l'on souhaite donner. Pas forcément la vraie. Quel talent dans la scénarisation ! Mais aussi quel culot d'appeler cela de la « téléréalité » ! Je comprends vite qu'en fait c'est une pure fiction dont seuls les dialogues sont improvisés. Le reste est minutieusement préparé, « provoqué ». Un candidat est fatigué ? On l'appelle tard le soir en « salle d'interview » pour qu'il se couche encore plus tard. Il est un peu déprimé et ça rentre dans le scénario ? On ne lui remet pas son courrier... Tout est à l'avenant. Des coupures d'eau, des naissances d'animaux toujours au milieu de la nuit, une porcherie puante à trente mètres de la cuisine, des moutons sous le dortoir pour que ça sente terriblement mauvais, des activités inventées avec talent chaque jour par les équipes de production pour déstabiliser l'un, mettre en valeur un autre, obtenir la scène dont on a besoin... Subtil, habile et logique. Après tout, c'est une émission de télévision.

Connaissant Nathalie, je la trouve admirable de supporter tout cela avec courage, et avec le sourire. Elle se bat pour son association et qu'importe le reste ! Elle me le répète à chacun de nos rares contacts téléphoniques. Et moi je me dis que c'est très bien fait, certes, mais je me demande comment réagiront les candidats quand ils sortiront du jeu et qu'ils découvriront quelle image a été donnée d'eux.

Et j'ai l'occasion de mieux voir encore les coulisses de l'émission puisque, soudain, on m'invite à y participer ! Un jour en effet, une responsable de la société de production m'appelle.

– Jean-Pierre, pour la fête des mères, on voudrait faire une surprise à quelques candidats, dont Nathalie, en faisant entrer leurs enfants dans « La Ferme ».

Je ne suis pas chaud du tout pour que Tom et Lou se retrouvent, même pour quelques heures, entre cochons, vaches, mouches et autres bestioles dont l'hygiène m'inquiète. Ils sont si petits...

– Qui viendra ?

– La fille de Joanna, le petit frère de Jordy, tes deux enfants et les trois enfants de Ducruet. La princesse Stéphanie a donné son accord.

Que puis-je rétorquer ? Alors que tous les autres ont accepté, je me vois mal être le seul à refuser et à priver Nathalie de nos bambins pour la fête des mères sous prétexte que j'ai une certaine notoriété ! Et en plus, cette notoriété n'est quand même pas plus forte que celle de Stéphanie de Monaco...

– C'est d'accord !

C'est d'accord mais ce n'est pas tout. Deux jours plus tard, Étienne Mougeotte m'appelle lui-même pour me demander d'accompagner les enfants à Visan, jusqu'à l'intérieur de « La Ferme ».

– Ce serait super ! Vous avez la seule famille complète. Et il faut un adulte pour accompagner tout ce petit monde. Tu es tellement populaire que, pour le programme, ce serait vraiment sympathique !

Le lendemain, je me retrouve donc gare de Lyon à Paris avec les enfants, direction Visan. Et me voilà pour vingt-quatre heures *dans* une téléréalité...

Il fait toujours une chaleur écrasante. À mon arrivée, je découvre un décor minuscule. Tout paraît si vaste, pourtant, à la télé... Quant à l'odeur pestilentielle, évidemment on ne peut pas la sentir, installé devant son écran. Comment les « Fermiers » peuvent-ils vivre dans un environnement pareil ? Chapeau !

Nathalie saute de joie en découvrant les enfants. Ses camarades ont la même réaction. Un vrai bonheur... Et de belles images dans le poste pour une « réalité » arrangée à l'avance, filmée par quarante-quatre caméras et enregistrée par autant de micros. Être filmé, j'en ai pourtant l'habitudc, mais ici je me sens vraiment mal à l'aise. Il y a des cadreurs partout, à peine cachés. Des caméras automatiques suivent le moindre de vos mouvements. Quand elles bougent, le bruit de leur petit moteur électrique vous rappelle que vous êtes « à la télé », en permanence et vingt-quatre heures sur vingt-quatre. D'ailleurs la régie, que j'ai eu la chance de visiter dès le premier jour, est gigantesque. Devant l'immense mur d'images envoyées par les quarante-quatre caméras, des réalisateurs choisissent de montrer ce qu'ils veulent montrer.

En tout cas, impossible de rester naturel dans un univers pareil. Et dire que beaucoup de gens pensent découvrir l'intimité « vraie » des candidats dans ce genre de programme ! Tout est fabriqué, maîtrisé au contraire, dans un seul but : attirer un maximum de téléspectateurs. On veut montrer des animaux ? Facile, il y en a partout. On veut des querelles ? Il suffit d'épuiser tel ou tel candidat. On veut des images plus romantiques ? On envoie quelques fermiers nourrir les animaux au clair de lune. On veut des larmes ? On fait sortir les enfants après la fête des mères... Les trois parents (et le frère) sont en pleurs dans les bras les uns des autres et, curieusement je l'ai dit, on les retrouvera tous les quatre en finale un mois plus tard. Des montages habiles et le tour est joué. Bref, « c'est chaud, dans "La Ferme" » !

N'est-ce pas, Christophe ?

Quand, au bout de vingt-quatre heures, je sors de ce monde fictif, je me sens soulagé, même si cela me fend le cœur de devoir une nouvelle fois laisser Nathalie. Je reviendrai pourtant à « La Ferme » pour soutenir ma compagne, l'espace de deux heures à la demi-finale. Et je retrouverai la même ambiance.

Ce soir-là, c'est Régine qui est éliminée. Comme tous les autres partants, on l'installe dans une somptueuse limousine blanche... Devant ma télé, je croyais qu'en sortant, les candidats étaient traités comme des princes et princesses. Ici, je découvre qu'on fait descendre Régine de cette superbe voiture dès que les caméras ne la filment plus. Il est 23 h 30. Un assistant récupère son micro et lui indique qu'un taxi l'attend pour la conduire à l'hôtel. Aucun « cérémonial », aucun responsable de la production pour l'accompagner, aucun psychologue pour lui expliquer le rôle qu'on lui a fait jouer dans ce jeu qui, en ce qui la concerne, a duré sept semaines... Pour elle comme pour tous les autres éliminés, et même plus tard pour les finalistes, un petit hôtel de campagne, sympathique mais sans que le moindre dîner ait été prévu. Le lendemain à la gare, pas plus de soutien. Régine porte ses valises avec son agent qui heureusement est venue la chercher. Sorti du jeu, c'est fini...

Je suis finalement content de cette expérience « fermière », où j'ai appris tant de choses sur ce type de programme. Et je suis surtout ravi que Nathalie soit allée au bout de son défi et ait ainsi rapporté quatre-vingt-dix mille euros à son association pour la lutte contre le cancer !

En tout cas, je regarderai à l'avenir ces émissions de téléréalité avec un œil différent et je suis persuadé que la télé « d'avant » a encore de beaux jours devant elle.

– XV –

DE L'OR ET DU CŒUR

Les gens me reconnaissent dans la rue et je déjeune chaque jour avec des millions d'entre eux, pourtant, j'ai toujours le sentiment d'exercer un métier comme un autre. Je fais ce métier avec cœur et passion mais je ne m'attends pas le moins du monde à recevoir un jour un coup de fil du secrétariat du ministère de la Culture.

– Bonjour monsieur Pernaut. Le ministre me demande de vous appeler pour vous dire que vous allez être fait chevalier de l'ordre national du Mérite.

Je n'en crois pas mes oreilles. Une médaille ! Quel honneur pour un journaliste qui ne fait que son travail ! Mais, au fond de moi, je suis très fier. Aussitôt, je décroche mon téléphone pour appeler ma mère. Elle aussi sera fière de son fiston.

– Tu vas être contente : je vais être décoré de l'ordre du Mérite !

– ...

Le silence, au bout du fil, me semble durer trois siècles et peser dix tonnes. Enfin, maman se décide à me répondre de sa voix forte :

– Jean-Pierre, le dernier médaillé de la famille, c'était ton grand-père.

Et elle ajoute en pesant ses mots :

– Mais lui, c'est à Verdun qu'il l'a eue, sa Légion d'honneur !

Voilà qui remet les choses à leur place. Bien sûr je suis heureux mais, au fond, qu'est-ce que mon boulot à côté de celui de mon frère, médecin généraliste qui se décarcasse jour et nuit depuis trente ans pour ses patients ? Face à la vie entière de ma mère qui s'est toujours dévouée pour les autres ? Et à celle de tant de professionnels, dans tous les domaines...

Cela ne m'empêchera pas d'inviter tous mes amis de TF1 dans le studio de Cognacq-Jay transformé en salle de réception pour cette remise de médaille, des mains de Patrick Le Lay lui-même. Une nouvelle fois, Francis Bouygues me fait l'honneur de venir. Finalement, je commence à le voir assez souvent. Depuis 1988 en effet, je suis aussi l'un des administrateurs de TF1, élu par les cadres et les journalistes de la maison. La loi de privatisation a prévu que deux des douze sièges d'administrateurs devaient être occupés par des membres du personnel. J'en fais partie et, depuis, je suis réélu à chaque fois.

Et avec Francis Bouygues, comme maintenant avec son fils Martin, un conseil d'administration commence toujours exactement à l'heure ! Une ponctualité qui est à la base de toutes nos réunions, que Patrick Le Lay dirige avec des propos clairs et directs. Si je ne peux rien révéler de ce qui s'y passe (bilans, stratégie, objectifs) car tout cela est bien sûr confidentiel, je peux quand même dire qu'en dix-huit ans mon patron m'a toujours épaté.

Pour en revenir à l'ordre du Mérite, quelques années plus tard, en 2003, je monte en grade. Je suis fait officier, preuve sans doute que je n'ai pas... démérité ! Toute ma famille est là avec Nathalie, sous les lambris du ministère de la Culture, quand le ministre Jean-Jacques Aillagon me remet cette nouvelle décoration. Quelques copains de TF1 sont également présents autour d'Étienne Mougeotte avec, bien évidemment, toute mon équipe. Ce jour-là, j'ai beaucoup repensé à mon père. Je suis certain que la solennité de l'endroit et de l'instant ne l'aurait pas empêché de trouver quelques plaisanteries pour détendre l'atmosphère. Ne jamais se prendre au sérieux...

Bref, je suis fier et heureux, comme je l'ai été en recevant une « Marianne d'Or », récompense traditionnellement réservée aux élus locaux, mais qui m'a été remise pour l'aide permanente apportée par le journal de 13 heures au monde rural. Et comme je l'ai été, aussi, lorsqu'en 1999 j'ai reçu le prix Roland-Dorgelès. Celui-ci est attribué chaque année à une personnalité des médias qui utilise correctement la langue française !

Des prix, des distinctions... Mais qu'est-ce à côté de la reconnaissance du public et de la quasi-affection que tant de téléspectateurs me portent ? Je m'en aperçois quand je me promène quelque part en France. C'est moins vrai à Paris et c'est logique car les Parisiens sont moins nombreux à regarder mon journal. Mais ailleurs, je ne compte plus les petits bisous qu'on m'envoie dans la rue, les poignées de main chaleureuses, les clins d'œil affectueux... Au bureau, les lettres arrivent par centaines pour me souhaiter ma fête ou mon anniversaire, pour s'inquiéter de ma santé quand j'ai mauvaise mine, pour me remercier de tel ou tel reportage sur une région et aussi, de temps en temps, pour me donner des nouvelles de la famille. Pas la mienne, la leur ! Beaucoup de gens semblent avoir vraiment le sentiment que je fais partie de leur environnement proche. Ce qu'ils savent en tout cas, c'est que je les respecte, profondément. Et cela semble réciproque : les lettres que j'ai reçues pendant le très particulier été 2005 ont été pour la plupart extraordinaires.

Bien sûr un tel attachement apparaît régulièrement dans des sondages d'opinion. J'appartiens au « top cinquante » des personnalités favorites des Français et je suis souvent « classé » parmi les animateurs les plus appréciés de l'audiovisuel. Cerise sur le gâteau, *Télé 7 jours* publiait en octobre 2005 un sondage me désignant comme « l'animateur de plus de cinquante ans préféré des 15-25 ans ». Intéressant pour une marionnette « rétro », vous ne trouvez pas ?

Comment ne pas citer également un sondage aussi insolite que flatteur réalisé en 2004 par l'institut CSA sur les personnalités picardes préférées des Picards. Eh bien, j'ai presque honte de le dire... J'arrive en tête devant Jules Verne et Jean de La Fontaine. Au moins, dans la même étude effectuée en région Nord-Pas-de-Calais, les Ch'tis ont-ils eu la décence de placer le général de Gaulle devant mon ami Dany Boon...

Gêné, mais fier quand même, le petit gars de Quevauvillers !

*

* *

D'autres « trophées », qui pourtant m'ont longtemps fait sourire, m'ont comblé d'aise par la suite : les « 7 d'Or ».

Les « 7 d'Or » ont été créés en 1985, et sont devenus une sorte de fête annuelle de l'audiovisuel. Je regardais de temps en temps à la télévision cette soirée toujours très tendue, où les lauréats se lançaient presque à chaque fois des piques assassines, où les jalousies et les rivalités transpiraient à travers l'écran. Une histoire de « professionnels », avec des votes de « professionnels ». Je n'y avais jamais été invité. Peut-être n'y avait-il pas assez de place, il y a tellement de gens importants dans l'audiovisuel ! Jamais invité et jamais « nominé » par ces fameux « professionnels » électeurs même si je présentais le deuxième journal télévisé d'Europe si l'on se réfère à son audience. Le premier, c'est celui de Patrick

Poivre d'Arvor et de Claire Chazal à 20 heures. Eux aussi ont été longtemps écartés de cette petite « fête », décidément bien curieuse.

Mais en 1997, les « 7 d'Or » changent de nature. Pour la première fois, ce sont les lecteurs du magazine *Télé 7 jours* qui attribuent quelques récompenses et, notamment, celle de « meilleur présentateur du journal télévisé ». Je suis « nominé », et l'on pense donc à m'inviter pour la première fois...

J'y vais, bien sûr, et obtiens mon premier « 7 d'Or ». En fait c'est le deuxième... Quelques années plus tôt, mon équipe s'était amusée à m'en offrir un en chocolat au lendemain d'une cérémonie télévisée particulièrement rasante. Cette fois, c'est le bon, je monte sur scène et je ressens une très vive émotion car ce sont Yves Mourousi et Marie-Laure Augry eux-mêmes qui me remettent le prestigieux trophée. Pour moi, leur présence est tout un symbole...

On me demande de faire un petit *speech*. Classique, je remercie mon équipe, les téléspectateurs et la plus fidèle des fidèles, ma mère. Mourousi est derrière moi, souriant. Je ne l'ai pas revu depuis le vingtième anniversaire de ce journal de 13 heures qui fut le sien pendant si longtemps. Ce jour-là, je l'ai invité à venir sur ce plateau qu'il connaissait si bien et c'est lui, juste après le générique, qui a redit son célèbre « Bonjour ». Un moment formidable. Lui et moi, ensemble... Deux présentateurs en vingt ans !

Ce jour de « 7 d'Or », je n'imagine pas que dans un peu plus d'un an nous apprendrons sa mort. Le 7 avril

1998, il s'éteint alors que je suis en vacances, loin de Paris. Au petit matin, je décide de rentrer. Il m'est impossible de laisser à mon remplaçant, si doué soit-il, le soin d'annoncer sa disparition et de rendre à Mourousi un dernier hommage. Nous préparons une édition spéciale. J'espère que sa fille en a gardé un enregistrement. Son père était un très grand bonhomme dont je respecterai toujours le souvenir.

Aux « 7 d'Or », on ne peut pas être récompensé deux années de suite. Mais je l'aurai tous les deux ans ! En 1999, 2001 et 2003...

En 1999, je reçois une lettre du président de la République en personne. Le 7 octobre, Jacques Chirac m'adresse ses « félicitations les plus vives », et écrit que j'ai su « imprimer un esprit particulier au journal télévisé (...) avec cœur et humour, au plus près des préoccupations des téléspectateurs, les invitant à porter un regard différent sur l'actualité ». Il termine par ces mots : « Personnellement, je regarde toujours votre journal avec beaucoup d'intérêt quand j'en ai le loisir. » Je suis épaté, et honoré.

En 2001, je suis également convié à la cérémonie mais, de façon inexplicable, je me trompe dans mon agenda et... ce soir-là, avec une dizaine de copains, nous dînons tranquillement dans le petit appartement de l'un d'entre eux.

Vers 23 heures, ma rédactrice en chef m'appelle sur mon portable pour me féliciter.

– Mais de quoi ?

– Eh bien, de ton « 7 d'Or » ! Je suis en train de regarder la télé. Tu viens de l'avoir...

J'ai complètement zappé le jour de l'invitation ! Connaissant mon attachement profond aux mondanités (!), mes amis rigolent franchement. Mais je m'en veux d'avoir manqué cet hommage du public.

En 2003, j'ai retenu la leçon et j'assiste à la cérémonie. Pour la première fois, celle-ci n'est pas retransmise à la télévision et se déroule dans une discothèque que Johnny Hallyday vient d'ouvrir près de Montparnasse. Johnny, mon idole ! Je crois n'avoir manqué aucun de ses spectacles depuis quinze ou vingt ans. Mais je ne l'ai jamais rencontré et j'en rêve... Peut-être ce soir ?

En fait il n'est pas là mais, en arrivant dans la salle, Nathalie et moi sommes assaillis par une meute de vingt ou trente photographes. Ils bousculent les autres invités, les écrasent, crient : « Jean-Pierre ! Nathalie ! » Nos sorties sont si rares que celle-là semble les avoir surexcités... Je n'aime pas du tout ce genre de triomphe : je suis vraiment gêné vis-à-vis des personnes, et je les connais toutes, qui sont déjà tranquillement installées. En tout cas, je reçois ce soir-là mon cinquième « 7 d'Or ».

Un peu trop mouvementé à mon goût...

*

* *

Nathalie... je l'ai rencontrée le 8 décembre 2001 à Mulhouse. Même si je n'ai pas l'intention de parler ici de ma vie sentimentale, je ne peux pas cacher cette rencontre dont tout le monde connaît les circonstances. Cela s'est passé en direct, à la télé, alors que nous assistions à l'élection de Miss France, une autre « cérémonie » que j'avais découverte, l'année précédente, à Monaco. D'ailleurs, je ne sais toujours pas comment Geneviève de Fontenay a réussi à me convaincre d'y assister. À l'époque, je la reçois régulièrement dans « Combien ça coûte ? » et, chaque fois, elle me demande d'être membre du jury. Je refuse tout aussi régulièrement mais, pour cette élection de l'an 2000, me voilà bel et bien au palais des Congrès de Monaco.

Je suis arrivé un peu en avance avec mon beau smoking de location (comme je n'en mets presque jamais, je préfère louer !) et je me retrouve dans un sous-sol où la première personne que je rencontre est Alain Delon, président du jury, tout aussi perdu que moi au milieu de dizaines de jolies filles qui virevoltent en tous sens d'une salle de coiffure à une autre, de maquillage celle-là. De loin nous apercevons Geneviève de Fontenay, occupée à inspecter les moindres détails de l'habillement ou de l'attitude de chacune de « ses » miss. De loin aussi, nous voyons son fils Xavier qui reste pendu au téléphone pour régler je ne sais quel problème d'invitations, de places, de sécurité ou d'hôtellerie... Tout cela me paraît bien sympathique, presque familial. Quoi qu'il en soit, Alain Delon et moi décidons d'aller nous chercher à boire et bientôt, assis dans un couloir, une coupe de champagne à la main, nous sommes rejoints par David Douillet, Franck Lebœuf et leurs épouses. Champagne ! Enfin, Xavier de Fontenay découvre notre présence...

Ce soir-là, au premier rang du palais des Congrès, nous remplissons notre fonction de jurés le plus sérieusement possible. Et c'est une « payse », Miss Picardie – Élodie Gossuin –, qui devient Miss France. Évidemment, j'ai voté pour elle !

Tard dans la nuit, bien après la fin de l'émission télévisée, la fête continue dans une salle immense qui accueille au moins six cents invités. Une cinquantaine de tables avec les miss régionales non élues, leurs familles, les responsables de leurs comités régionaux... Au centre, la table d'honneur où j'ai été convié avec les autres membres du jury, l'ancienne et la nouvelle Miss France et bien sûr, la famille de Fontenay. Tiens, Jean-Pierre Foucault n'est pas là ! Il ne vient jamais au dîner, me dit-on. Je mets un temps fou à gagner ma place. En traversant la salle, toutes les miss veulent faire des photos avec moi et à chaque fois elles me disent à l'oreille :

– Merci monsieur, c'est pour ma mère. Elle vous regarde tous les jours...

J'arrive enfin à la fameuse table d'honneur où je raconte l'anecdote à mes nouveaux potes du jury. Alain Delon éclate de rire.

– Rassurez-vous, Jean-Pierre, je viens de faire la même traversée, mais moi c'était pour leur grand-mère !

Il n'en faut pas plus pour rendre ce dîner aussi convivial que joyeux. La plupart d'entre nous a d'ailleurs terminé la nuit dans une célèbre discothèque monégasque. Au petit matin, avec David Douillet et Franck Lebœuf, nous étions devenus de vrais copains.

Donc, un an plus tard, j'accepte l'invitation de Geneviève de Fontenay pour aller à Mulhouse où a lieu l'élection de 2001, le 8 décembre.

– Vous verrez, m'a dit Geneviève, je vous placerai dans la salle à côté de mon « rayon de soleil », ma miss préférée. Elle s'appelle Nathalie et elle a été Miss France en 1987.

8 décembre 2001. Je suis au troisième rang du public. Robert Namias, mon directeur à l'information de TF1, est venu lui aussi. Il accompagne son épouse, la formidable Anne Barrère qui se bat vaillamment, depuis des années, pour l'opération « pièces jaunes » et pour une association de lutte contre la leucémie. Elle est membre du jury. Entre Robert et moi, un siège vide sur lequel une jeune femme assez vulgaire vient s'asseoir sans même nous saluer.

– Bizarre, me dis-je. Si c'est ça, la miss préférée de Geneviève...

C'est alors qu'arrive une autre jeune femme, brune

aux cheveux longs, très élégante, vêtue d'une robe blanche lumineuse. Ravissante et directe. Un ticket à la main, elle vire notre voisine peu délicate.

– Désolée, mais je crois que vous vous êtes trompée de siège...

L'autre se lève et Nathalie, car cette fois c'est bien elle, s'installe gracieusement à mes côtés. Elle est souriante. Ses yeux expriment une incroyable gentillesse. Ils pétillent de vitalité. Elle se présente :

– Bonjour, je suis Nathalie Marquay.

Et je tombe sous le charme. Quelques minutes plus tard, nous papotons, nous commentons les passages des miss sur la scène, nous moquant de telle démarche si peu assurée, riant carrément de certaines dégaines qui ne « collent » pas dans le spectacle. Dissipés comme deux gamins dans une cour de récré...

Le réalisateur de l'émission nous a repérés. C'est un ami et, vus de la régie, nos fous rires doivent l'amuser. Sans que nous nous en doutions une seule seconde, il diffuse régulièrement notre image à l'antenne où notre complicité est partagée par dix millions de téléspectateurs !

Plus tard, même scénario que l'année dernière à Monaco. Nous nous retrouvons dans la salle du dîner officiel au milieu de centaines d'invités. Je croise Xavier de Fontenay qui m'incite à le suivre.

– Venez Jean-Pierre, vous avez une place à la table d'honneur, à côté du maire.

– Une seulement ?

– Euh, oui... répond-il, intrigué.

– Désolé mais je ne peux pas.

Il se tourne alors vers Nathalie.

– Nathalie, vous ne voulez pas venir à droite de monsieur le maire ?

– Non ! Je ne peux pas non plus. Merci, Xavier.

Il s'en va et nous voilà tous les deux assis à une table au fond de la salle, heureux de pouvoir continuer à faire connaissance. Nathalie me parle de son enfance à deux pas d'ici en Alsace, de ses années de Miss, de sa vie aux Antilles, de sa leucémie... Elle est gaie, marrante, pleine de joie de vivre malgré cette épreuve qu'elle évoque avec une lucidité extraordinaire.

Au fil de ses confidences, je suis fasciné par son histoire. Née dans le Nord – tiens, un point commun et nous rions de notre accent ! –, sportive et espiègle, elle a suivi ses parents à Mulhouse où son père l'incite un jour à se présenter à l'élection de Miss Alsace. Elle n'y croit pas une seconde mais elle est élue. Peu après, elle se retrouve à Paris où elle n'est jamais venue, pour la première élection de Miss France diffusée en direct à la télévision. C'est Guy Lux le maître de cérémonie. Et elle est sacrée Miss France 1987... S'ouvre alors pour elle une période de rêve et de découvertes au côté de Geneviève de Fontenay, avec des voyages dans toutes les régions et à travers le monde. L'année suivante, en 1988, elle sera même l'une des rares Françaises à devenir dauphine de Miss Monde.

Nathalie me raconte ses voyages, son attachement à la « dame au chapeau » et leurs cinq années trépidantes de galas dans toutes les villes de France. En même temps, elle cherche un métier et elle trouve quelques petits rôles au cinéma et dans des séries télévisées. La voilà donc comédienne et, quelques années plus tard, elle obtiendra un rôle dans *Sous le soleil.* Mais tout cela finit par l'ennuyer. Ras le bol des défilés, des projecteurs et des paillettes. Un beau jour de 1994, elle fait sa valise et prend un aller simple pour les Antilles. Repartir de zéro, oublier sa couronne de Miss et les demandes d'interview ou de photos qu'elle refuse déjà depuis longtemps.

Aux Antilles, Nathalie respire un air de liberté qu'elle n'a encore jamais connu. Un jour, sur une plage, elle sympathise avec une vendeuse de maillots de bain. Ses quelques économies ayant fondu comme glace au soleil, elle s'y met aussi et, en quelques semaines, devient la meilleure vendeuse de la région ! (Dans les dires de mon interlocutrice, je sens une belle fierté...) Sa patronne lui propose alors de développer l'affaire. Elle s'attelle à ce job avec cœur et passion.

Tout semble lui réussir dans cette nouvelle vie de plage et de soleil, mais fin 1997, épuisée, elle multiplie les malaises. Les médecins qu'elle consulte ne trouvent rien. En fait, ils ne cherchent rien sauf l'un d'entre eux, une femme qui, la voyant si faible, l'envoie se faire faire des analyses. Le verdict est terrible : une leucémie aiguë, un cancer du sang. Il faut la transférer de toute urgence en métropole, à Villejuif. Le soir même, on l'embarque en avion, allongée sur une civière. Elle se souvient de son arrivée, grelottante, en plein hiver à Paris avec sa petite robe d'été, de l'attente dans un couloir de l'institut Gustave-Roussy, de son installation dans une chambre stérile pour y subir une série de chimiothérapies exténuantes. Et surtout, de sa farouche volonté de se battre pour vivre et suivre ce qu'elle appelle « sa bonne étoile ».

Comme tout le monde, j'ai peur du mot « cancer ». Une sorte de maladie honteuse que l'on cache, dont on ne parle jamais. Mais en écoutant Nathalie, je suis subjugué, emporté dans un univers jusque-là inconnu pour moi. Elle me raconte tout cela avec un naturel et une simplicité tout à fait déroutants. Comment ne pas être époustouflé par les mots à la fois doux et puissants que prononce cette jeune femme si rayonnante que je ne connaissais pas il y a seulement trois heures ! Je l'écoute et je me dis que personne ne m'a jamais parlé du cancer avec une telle force, une telle détermination à guérir. Et je me mets à l'admirer, profondément. Je n'entends plus le brouhaha de la grande salle où nous nous trouvons pour ce dîner officiel. Il n'y a qu'elle, ses mots, son sourire et son regard.

Elle me raconte ses mois de galère et de combat, son corps autant dévasté par la maladie que par le traitement, son crâne chauve, les cauchemars et les douleurs de nuits interminables, mais sa volonté farouche de vivre, aidée à chaque instant par Mathias, son petit ami de l'époque. Il est beaucoup plus jeune qu'elle mais il a tout plaqué aux Antilles pour venir la soutenir.

Nathalie évoque ses « balades » dans les couloirs de l'hôpital en traînant sa perfusion pour aller fumer une cigarette en cachette des infirmières. Elle me dit aussi ses discussions avec les autres malades pour qu'ils se battent à leur tour, qu'ils ne sombrent jamais dans le désespoir. À Villejuif, on l'appelle « Mère Teresa ».

Pour augmenter ses chances de guérison, on lui propose un jour de subir une greffe de moelle osseuse. Apprenant que le traitement d'accompagnement la rendrait stérile, elle refuse farouchement. Elle veut vivre et elle veut des enfants, elle veut créer une famille. Contre l'avis de tous ses proches et de ses médecins, elle s'obstine. Il n'y aura pas de greffe et sa bonne étoile la guide toujours. Elle me raconte tout cela avec un sourire lumineux qui exprime une force et un optimisme incroyables.

Cela fait trois ans qu'elle est sortie de l'enfer mais, le plus naturellement du monde, elle me précise qu'elle est en « rémission » et qu'il lui faut encore attendre deux longues années avant d'en avoir définitivement fini avec la maladie. Elle me redit qu'elle rêve d'avoir des enfants. Elle a risqué sa vie pour eux...

Sortie de Villejuif, elle est repartie quelque temps aux Antilles et, comme un défi à la vie et à son corps retrouvés, à plus de trente ans, elle s'est présentée à une élection de « Miss Hawaïan Tropic ». Qu'elle a gagnée ! Ensuite, elle m'explique qu'à son retour en métropole, elle n'a eu de cesse de retourner à l'hôpital pour parler avec des malades, pour leur dire qu'ils devaient eux aussi lutter. Pour elle, ces contacts représentent une sorte de mission : donner du courage aux autres en montrant qu'elle a pu s'en sortir. Jamais je n'ai entendu parler du cancer comme Nathalie le fait ce soir. Quand on l'écoute, la peur s'en va...

Plus tard, je la verrai moi-même se battre encore et encore pour rencontrer et aider les personnes atteintes de ce mal, seule ou avec l'association Ti'toine dont elle deviendra la marraine. C'est aussi pour elles qu'elle participera à l'émission « La Ferme Célébrités ». Pas pour sa notoriété. Elle a prouvé depuis longtemps qu'elle s'en moquait et n'a jamais fait parler d'elle. Sa participation à l'émission relevait seulement du désir de montrer qu'après une telle épreuve on pouvait, comme elle, croquer la vie à pleines dents. C'était aussi l'occasion de récolter de l'argent pour les médecins et les chercheurs qui luttent inlassablement contre cette terrible maladie et qui manquent tant de moyens. Les quatre-vingt-dix mille euros du jeu ont d'ailleurs été entièrement versés au centre de recherche en hématologie de Rouen et au centre de recherche contre la douleur de Strasbourg.

Après avoir entendu le récit d'un tel parcours, on comprendra que j'ai vraiment eu la nausée en lisant, quelques années plus tard, l'édito de *Télé 7 jours* la qualifiant de « *midinette éblouie dégoulinant d'huile à bronzer* ».

En tout cas, ce soir, à Mulhouse, j'ai rencontré une femme formidable. Je suis sous le charme et, si je n'aime pas trop l'expression « coup de foudre », ça y ressemble.

Je suis séparé de Dominique depuis presque dix ans et « célibataire » depuis peu. Nous échangeons nos numéros de téléphone.

Là non plus, je n'imagine pas à quel point notre rencontre, bien involontairement médiatisée, va déchaîner la presse à scandale.

– XVI –

VOLEURS D'IMAGES, VOLEURS DE VIE

Ma vie tout entière consacrée à mon travail et à ma famille, je ne m'étais jamais préoccupé de la presse people. Pour moi, c'était un autre monde, qui n'avait rien à voir avec le mien, même si, quelques années auparavant, j'avais déjà eu affaire à lui. Des photos volées me montrant la main dans la main avec ma compagne d'alors, un après-midi d'hiver dans le parc de Saint-Cloud, avaient été publiées par *Voici*. Quelques jours plus tôt, un ami m'avait averti de l'existence de ces photos et, naïvement, j'avais appelé un responsable de ce journal pour lui demander de ne pas les publier. Mon père était décédé la semaine précédente et je ne voulais pas que ma mère, déjà âgée et encore sous le choc de cette disparition, puisse être importunée par cette histoire. Je me souviendrai toute ma vie de la réponse de ce « journaliste » :

– J'en ai rien à foutre de ton père, connard !

Et il avait raccroché. J'étais effondré. Ces propos aussi vulgaires qu'insensés restent gravés dans ma mémoire. Ce très court entretien a été, et reste aujourd'hui encore, mon seul contact personnel avec ce genre de type, titulaire pourtant de la même carte de presse que moi (je sais, je l'ai déjà dit, mais cela ne cessera jamais de me révolter). J'étais stupéfait de découvrir un univers insensé où seul le parfum du scandale tient lieu de déontologie...

*

* *

Nathalie est belle. Je suis populaire. Il n'en faut pas plus pour que je me trouve replongé bien involontairement, en 2001, dans ce monde grotesque. Nous nous connaissons depuis quelques semaines et nous décidons d'aller passer les fêtes de fin d'année au soleil de l'île Maurice. J'ai choisi un petit hôtel tranquille afin d'éviter la cohue des palaces où de vraies stars côtoient de fausses vedettes venues là justement pour qu'un paparazzi les reconnaisse. Ce n'est pas notre genre et nous passons des vacances calmes, savourant simplement le bonheur d'être ensemble.

Quinze jours après notre retour, patatras ! Une photo de Nathalie en monokini et moi avec un maillot de bain à fleurs orne la une de *Voici*. Comment ont-ils pu savoir que nous étions sur cette plage ? Et d'abord, qui sont ces « ils » ? Des paparazzi bien sûr, toujours très bien informés... J'apprendrai plus tard que cette île que j'aime tant en est truffée. Il y aurait même des « mouchards » à l'aéroport, graissant la patte de chauffeurs de taxis ou de portiers d'hôtels pour tout savoir des lieux de séjour ou des déplacements des personnalités qu'ils ont reconnues à leur descente d'avion.

En tout cas, je me suis laissé piéger. Nathalie et moi sommes furieux de ce viol de notre intimité. Surtout que nous n'avons pas encore eu le temps de nous présenter à nos familles respectives, et que je n'ai pas encore fait connaître Nathalie à mes deux enfants. Qu'un journal puisse le faire à ma place me scandalise. Que diable ! Si je veux révéler quelque chose de ma vie privée, c'est à moi de le faire, quand je veux, et non à n'importe quel gratte-papier d'un tabloïd vendeur de sensations...

Alors, comme la loi est censée nous protéger, nous appelons aussitôt mon avocat pour entamer des poursuites. Il ne faut pas que cela se renouvelle ! Je suis vraiment d'une naïveté à toute épreuve. Nous gagnons bien évidemment ce procès, mais la traque ne s'arrêtera plus. Ils veulent tout savoir, tout surveiller, tout raconter. Vingt-quatre heures sur vingt-quatre, sept jours sur sept, des types à moto planquent devant notre appartement et nous suivent dès que nous en sortons. Quinze couvertures de magazines paraîtront en dix-huit mois, toutes avec des photos volées. Et nous de poursuivre en justice à chaque fois, comme si cela pouvait les arrêter... À chaque fois, la justice les condamne. Quinze condamnations. Mais les paparazzi ne nous lâchent toujours pas.

Sans trop comprendre comment nous avons pu faire, nous n'avons déjoué leur surveillance qu'une seule fois, le 22 février 2002, pour nos fiançailles. Dans le secret le plus total, nous avons loué une péniche, invité nos familles et nos meilleurs amis pour une sympathique croisière sur la Seine. Seulement le fleuve est en crue et la péniche ne peut plus passer sous les ponts. Elle doit rester amarrée au pied de la tour Eiffel. Cela ne gâche en rien cette soirée magique où Nathalie rayonne, somptueuse dans une magnifique robe rouge. Toute sa famille est venue d'Alsace, toute la mienne de Picardie. Nos amis sont tous là, de Mulhouse, du Pays basque ou d'Amiens, quelques-uns de la télé, quelques copains, des comédiens qui adorent ma fiancée, et le comité Miss France au grand complet avec la dame au chapeau, Élodie Gossuin, Sylvie Tellier et Sonia Rolland. Une bien belle soirée, « notre soirée », un immense bonheur. Et aucun paparazzi à l'horizon ! Peut-être se sont-ils lancés sur d'autres proies le temps d'une nuit. Pas de chance pour eux... Mais ils reviendront dès le lendemain reprendre leur « planque » sur notre trottoir, encore plus acharnés. Ils ne se cachent même plus.

Heureusement, Nathalie et moi ne sommes pas des noctambules et adorons rester à la maison. Pour autant, la présence de ces « charognards », dehors, doit-elle nous priver de toute sortie ? Je reçois à TF1 des centaines d'invitations à toutes sortes d'événements parisiens et j'en accepte de temps en temps, trois ou quatre fois par an. Il n'y a aucune raison que je change mes habitudes. À chacune de ces rares sorties, la plupart du temps pour aller applaudir des amis chanteurs ou comédiens, les photographes se ruent sur nous. La rareté doit les attirer.

Surveillés, poursuivis, nous n'avons pas pour autant l'intention de vivre comme des rats perpétuellement cachés. Ainsi, au printemps 2002, j'accepte pour la première fois de ma vie une invitation au Festival de Cannes. Depuis trente ans je refuse car ce type de mondanité n'a jamais été ma tasse de thé. Mais Nathalie est comédienne, elle compte de nombreux amis sur la Côte d'Azur, et c'est TF1 qui nous invite pour qu'au moins une fois je puisse voir à quoi ce festival ressemble. Finalement nous sommes ravis de cette escapade, et il y a tellement de stars à Cannes que nous passerons sans doute inaperçus.

Nous arrivons sans encombre dans l'un des palaces de la ville où une belle chambre nous a été réservée.

– Tout le dernier étage est à votre disposition pour vous faire habiller, coiffer ou maquiller, nous dit gentiment un employé de la réception.

– Ah bon ?

– Oui, toutes les stars y passent avant de monter les marches !

Moi, j'ai tout ce qu'il me faut – notamment mon traditionnel smoking de location –, mais Nathalie va visiter ce fameux étage où des créateurs de bijoux, des couturiers, des coiffeurs sont installés pour aider les vedettes invitées à se préparer. Elle en redescend un peu plus tard dans une robe superbe.

Et nous voilà partis vers le palais des Festivals dans une limousine venue nous chercher à l'hôtel. Dehors, nous croisons des gens en maillot de bain. On est en plein après-midi et, dans la voiture, mon nœud papillon me semble complètement décalé. J'ouvre quand même grand les yeux en arrivant au pied des fameuses marches au milieu d'une foule de badauds, des centaines de gens agglutinés pour apercevoir « les stars ». Cela m'amuse et m'impressionne à la fois. Nous sommes interpellés, photographiés et nous nous prêtons de bonne grâce à ces marques de sympathie. Au bout de quelques minutes, on nous demande de gravir les marches sur le prestigieux tapis rouge autour duquel se pressent deux rangées compactes de photographes de presse. Ils sont tous en smoking eux aussi ! Devant nous, Roman Polanski et, juste derrière, je vois arriver Sharon Stone. Nous montons tranquillement, la main dans la main.

– Jean-Pierre !

– Nathalie !

Les photographes veulent attirer notre attention pour que nous tournions le regard vers l'un ou l'autre d'entre eux. Sourires. Clic-clac. Et nous voilà en haut des marches pour saluer le maire de Cannes et l'organisateur du festival. Moi qui ai horreur des mondanités, je suis servi ! Mais tout s'est bien passé et je suis finalement heureux de cette expérience, comme un gamin qui vient de découvrir un nouveau jouet.

Je m'éclipse quand même un instant pour aller serrer la main de quelques copains journalistes dans la double rangée de photographes et de cameramen, notamment les envoyés spéciaux de TF1 qui me connaissent bien et savent à quel point je devais être à l'aise quelques minutes plus tôt...

En tout cas, ni Nathalie ni moi n'imaginons une seconde que notre passage aura la moindre retombée médiatique. Il y a tellement de vraies vedettes alentour...

Une semaine plus tard, surprise ! Nous sommes en couverture de *Paris Match* ! Je n'en reviens pas et je mesure alors – comme si je me l'étais caché jusque-là – le formidable impact de la télévision. Oublié Polanski ! Au second plan Sharon Stone ! Cela me paraît complètement insensé mais c'est comme ça et il faut bien s'y faire...

De retour à la maison, nous retrouvons nos paparazzi... Nathalie est suivie lorsqu'elle fait ses courses, tous les jours. Un soir, elle rentre en larmes. Dans un supermarché, un responsable de la sécurité l'a prévenue qu'un photographe venait de la suivre dans les rayons pour la mitrailler. Le paparazzi a été interpellé par les vigiles qui ont appelé la police...

Quelque temps plus tard, Nathalie est enceinte et nous profitons d'un dimanche ensoleillé pour nous promener tous les deux dans les allées tranquilles du bois de Vincennes. Pas si tranquilles que ça puisque nous nous retrouvons, encore, à la une de deux magazines. Le harcèlement continue. Nathalie n'en peut plus. Elle qui est si heureuse d'avoir bientôt un enfant, elle qui s'est tant battue à l'hôpital pour pouvoir un jour être maman ! Sans arrêt, des journaux nous appellent pour que nous fassions des photos en famille afin d'annoncer « officiellement » sa grossesse. Pas question. L'un comme l'autre, nous avons toujours refusé ce genre de proposition et, sur ce point, Nathalie a été et reste l'une des anciennes Miss France les plus discrètes. Ce n'est pas pour rien qu'un jour elle a plaqué ce monde de paillettes pour aller travailler aux Antilles ! Pour l'heure, elle prend sur elle mais la fin de sa grossesse est un cauchemar. Elle souffre d'une algo-neurodystrophie des hanches. La douleur est insupportable. C'est une maladie assez rare chez les femmes enceintes et le gynécologue est persuadé que le stress provoqué par les « filatures » incessantes des photographes en est la cause.

Malgré cela, nous ne cédons toujours pas et nous refusons les photos posées qu'on nous propose de toute part.

À la mi-décembre, notre adorable petite Lou vient au monde et nous devons faire appel à un ami patron d'une société de sécurité pour sortir de la maternité. Neuf paparazzi font le pied de grue devant la clinique depuis une semaine ! Une sortie de maternité à laquelle nous avions rêvé comme tous les parents...

Dans les semaines qui suivent, nous n'osons même pas sortir nous promener avec le landau. Cela n'empêche pas les tabloïds de continuer à parler de nous en jouant sur le « conte de fées » de ce couple modèle, malgré les assignations répétées de notre avocat et les condamnations tout aussi régulières de ces journaux.

Au printemps, nous « découvrons » à la une de *Voici* que Nathalie est à nouveau enceinte. Prudents, nous n'avons même pas encore annoncé cette grossesse à ses parents. Indiscrétion d'un ami proche ? D'un laborantin ? Nous ne le saurons jamais mais c'est la goutte d'eau qui fait déborder le vase. Il faut en finir avec ces voleurs d'images et d'informations. Mais comment ?

Un soir, nous dînons avec notre ami David Douillet.

– Moi aussi j'ai été harcelé, nous dit-il. Et j'ai compris que les paparazzi me suivaient parce que, en l'absence d'autres clichés, leurs photos se vendaient très cher. Elles avaient de la valeur. Acceptez de faire des photos posées pour un grand magazine et vous serez tranquilles.

La voilà, la bonne idée ! Retirer toute valeur marchande aux photos volées. Notre décision est prise.

Nous n'en pouvons plus de voir notre vie privée étalée partout, nous appelons *Paris Match.*

*
* *

Pendant presque trente ans, je m'étais refusé à tomber dans ce piège. Car c'est un piège. Depuis que je présente le journal de 13 heures, des dizaines et des dizaines de fois, le service de presse de TF1, qui gère nos relations avec les journaux et les magazines, m'avait transmis des demandes de photos « privées ». Et c'était toujours « non » car je ne voulais mettre en avant que mon travail. Des photographies au bureau, d'accord, mais à la maison, pas question ! Au fil des années pourtant, la pression devenant trop forte, j'avais partiellement cédé. Quelques photos dans mon jardin, devant la cathédrale d'Amiens, au Pays basque, mais jamais en famille. Cette fois pourtant, notre décision est prise. Nous allons le faire...

Miracle ! Dès la publication de ce reportage dans *Match*, les paparazzi disparaissent. David avait raison. Leurs clichés volés ne valent plus un kopeck ! Nous passons enfin un été tranquille dans notre maison, puis sur notre petite plage près du Lavandou. Trois mois de calme médiatique mais, la grossesse de Nathalie avançant, nous revoilà au début de l'automne dans la presse à scandale. Pour la santé de Nathalie, il nous faut à tout prix éviter que la traque recommence. Nous faisons une deuxième série de photos posées, cette fois pour *Gala*.

Même scénario qu'avec *Paris Match* : disparition immédiate des voleurs d'images.

Et c'est ça, le piège ! Quand on vous a mis, de force, le doigt dans la confiture, il est impossible d'en sortir ! Deux fois en quelques mois j'ai accepté ce que j'ai toujours refusé et je vais recommencer une troisième fois. Pas question en effet de nous sentir de nouveau harcelés à la maternité comme l'année précédente. Nous annonçons que nous allons faire des photos pour le magazine *Oh Là !* dès la naissance de Tom. Les agences le savent, les paparazzi ne viennent pas à la maternité. Ouf !

Toutefois, dans l'interview que nous donnons à *Oh Là !*, nous précisons que ces photos de famille seront les dernières. Nous tiendrons cet engagement.

L'année suivante est plutôt calme. Le « conte de fées » s'est sans doute un peu banalisé et notre valeur marchande, puisqu'il n'est question que de cela dans ce milieu, a dû baisser. J'ai appris par la suite que certaines photos se vendent des fortunes : dix mille, vingt mille, quarante mille euros pour voir une vedette se gratter le nez ou faire un bisou à sa copine ! C'est un marché colossal, et honteux.

Nous continuons à mener une vie discrète même si, de temps à autre, nous nous retrouvons encore à la une de quelques magazines people. *France Dimanche*, par exemple, affiche un jour ce titre aussi inquiétant que racoleur : « *Jean-Pierre Pernaut : une terrible attaque* ».

J'ouvre le journal et me plonge dans un article passionnant. « *Lui que nous aimons tant...* » (Ça commence presque toujours comme ça.) *« Lui qui vit une si belle histoire d'amour avec Nathalie...* » (Histoire de jouer sur la corde sensible.) Je passe directement à la fin de l'article : « *Il vient de subir une terrible attaque. France 2 a choisi Patrick Chêne pour le concurrencer* à *13 heures.* » Rassuré sur mon état de santé, j'appelle aussitôt ma mère pour qu'elle le soit aussi si par hasard elle tombe sur l'affiche de cet hebdomadaire dans une rue d'Amiens. Une terrible attaque ! Où vont-ils chercher ça ? Un peu plus tard, autres affiches, autre titre : « *JPP et Nathalie : la cruelle séparation* ». En photo, Nathalie a l'air très triste et porte des lunettes noires. Ce cliché a été pris à l'enterrement de Guy Lux mais le journal se garde bien de le signaler. En lisant, j'apprends que j'ai le cœur brisé car, alors que je suis à TF1 depuis plus de vingt ans, Nathalie va participer à l'émission « Fort Boyard » sur France 2. La voilà, la « terrible séparation » ! Quelle misère... Et dire que des centaines de milliers de gens vont acheter ce canard, attirés par le titre, alors que ce n'est qu'un mauvais canular, comme à chaque fois.

Je déteste cette presse qui déjà me pourrit la vie. Malheureusement pour nous, ce n'est qu'un début et elle va carrément tenter de nous broyer pendant ce terrible été 2005.

En attendant, comme nous refusons désormais toute photo posée avec les enfants, ça continue...

Juillet 2004, en vacances au Lavandou, nous allons à la plage, celle que je fréquente depuis plus de trente ans. Jamais personne ne m'y a importuné. Je suis en vacances et j'y tiens. Ce jour-là, nous ne nous doutons pas que, quelques serviettes plus loin, un homme nous mitraille de son appareil photo. Une voisine de matelas attire discrètement mon attention.

– Vous voyez le vacancier là-bas ? dit-elle avec un bel accent du Midi.

– Celui qui est au bout de la plage ?

– Oui ! Je l'ai vu avec un gros appareil photo. Ce ne serait pas pour vous embêter, au moins ?

Comment savoir si ce type avec femme et enfant qui cache sous son drap de plage un téléobjectif impressionnant est là pour nous « shooter » ou pour photographier les petits oiseaux ? Je me lève, je tournicote autour des « vacanciers » et je ne sais vraiment pas quoi faire. Finalement, je ne dis rien mais nous découvrirons les photos volées quelques jours plus tard dans *France Dimanche*.

C'est la première fois que nos vacances dans ce petit coin charmant sont ainsi perturbées. J'ai un goût amer dans la bouche. Plus jamais je ne pourrai m'y sentir... en liberté.

Décidément, rien ne leur échappe, même les détails les plus anodins. Je me souviens par exemple d'un entrefilet dans *Voici* qui racontait que j'étais allé chez Darty acheter un grille-pain. En fait, c'était un sèche-cheveux, mais qui cela peut-il intéresser ? Une « information » sans doute transmise par un autre client moyennant quelques billets.

Car l'argent est roi, dans tout ça. Il coule à flots ininterrompus grâce à des millions d'exemplaires vendus semaine après semaine. Et ce ne sont pas les quelques milliers d'euros de dommages et intérêts que ces canards sont condamnés à payer à leurs victimes qui leur feront respecter la loi...

Dans ce domaine, la loi française est pourtant très claire. *Tous les individus ont droit au respect de leur intimité et de leur vie privée.* Cela signifie qu'il est interdit de publier des articles ou des photos évoquant cette vie privée sans l'accord des intéressés, même s'il s'agit de personnalités dites « publiques ». A fortiori des photos volées ! Pourtant, en jetant un œil sur les kiosques à journaux, on s'aperçoit que cette loi n'est pas respectée. Certaines revues s'en moquent éperdument et la violent chaque semaine. Alors, au même rythme, les tribunaux de la région parisienne sont encombrés de plaintes et de lourds dossiers qu'il faut juger. La justice n'a pas d'autre choix que de condamner ces publications à payer des « dommages et intérêts » à leurs victimes. Mais comment les évaluer ? Mille, dix mille ou cent mille euros ? Que vaut une période de vie brisée ou violée ? Chaque semaine, ces journaux sont condamnés. Et ils recommencent la semaine suivante avec d'autres proies. Ou les mêmes, comme je l'ai amèrement constaté cet été...

Les gigantesques profits engrangés par la vente de ces magazines sont sans commune mesure avec le prix à payer, quel qu'il soit. Donc, la loi existe mais elle n'est pas du tout dissuasive. Alors, même si je suis l'un des plus ardents défenseurs de la liberté de la presse dans les pays où elle est bafouée, je pense que le législateur devrait se pencher sur cette question particulière. Autrefois, les princes et les princesses étaient la cible favorite des journaux « people ». Ensuite, ce furent les stars du cinéma et de la chanson mais, comme elles commençaient à ne plus faire recette, on est passé allègrement au petit monde de l'audiovisuel. Aujourd'hui, c'est tellement vendeur ! Mais demain ? Quelles seront les prochaines proies faciles des marchands de scandales ? Je suis persuadé qu'un système plus contraignant doit être étudié pour éviter ce qu'on appelle les « dérives », constatées quasi quotidiennement en Grande-Bretagne. Je le pense très sincèrement, dans l'intérêt général.

*

* *

La suite, malheureusement, tout le monde la connaît. La rumeur lancée mystérieusement par *Ici Paris* d'une liaison entre Nathalie et Daniel Ducruet pendant « La Ferme Célébrités », en juin 2005 ; l'écœurement de Nathalie qui dément en direct et les reprises multiples de cette déclaration sur l'antenne de TF1 ; et, pour finir, la folie médiatique. Ou plutôt la bataille en direct, et sur notre dos, d'une partie de la presse magazine qui s'emballe à l'arrivée d'un nouveau venu, *Closer*. Sur les quatorze premières couvertures de ce journal, plus de la moitié nous montrent, Nathalie et moi, avec des photos volées. Et pourquoi se serait-il arrêté de le faire ? De soixante mille exemplaires à ses débuts, à la mi-juin, le magazine rassemblera en quelques semaines près de dix fois plus de lecteurs. Du Pernaut et de la Marquay, ça se vend !

Les concurrents ne manqueront pas de s'engouffrer dans ce filon porteur. Surenchère médiatique sans précédent, harcèlement permanent des paparazzi... Nous sommes réduits à l'état de bêtes traquées, sans aucun moyen d'arrêter ce flot ininterrompu. Que Nathalie accorde une interview, une seule, à *Paris Match*, pour « jeter la rumeur aux orties », aussitôt tous les autres se jettent sur la moindre de ses attitudes. Que je continue à me taire comme je le fais depuis le début de cette histoire odieuse, tous ces « confrères » interprètent mon silence. Nous nous sentons enfermés dans un piège invraisemblable et je me rends compte à quel point ma notoriété, simple fruit de mon travail, m'empêche de mener une existence normale auprès de la femme que j'aime.

Nous ne pouvons plus vivre comme nous le souhaitons. Lors de cet été 2005, par exemple, un jour de pluie nous allons faire quelques courses avec Nathalie et sa sœur à Saint-Tropez. (Eh oui ! Pendant que les feuilles de chou nous disaient séparés, fâchés, brisés, nous faisions quand même des courses ensemble !) Vu le temps maussade, nous pensons être à peu près tranquilles. Que nenni ! Dès notre arrivée nous sommes assaillis par une meute d'une quinzaine de photographes particulièrement excités. Il s'en faut de très peu que mon fils, qui nous accompagne, soit assommé par un téléobjectif.

Je devrais pourtant savoir que Saint-Trop' est depuis des lustres le paradis des paparazzi... Il y a quelques années, alors que je faisais du ski nautique avec mon fils aîné et quelques copains, comme nous manquions d'essence, nous avions amarré notre petit bateau à la station qui se trouve à l'entrée du port. À côté de la pompe, deux photographes.

– Monsieur Pernaut, on peut prendre une photo de vous ?

Les cheveux hirsutes, couvert de sel, pas rasé...

– Non, je préfère pas !

– C'est dommage, pour une fois qu'on demande...

– Bon, allez-y.

Puis je les interroge, intrigué :

– Mais pourquoi êtes-vous là ?

– C'est simple, toutes les stars passent par la pompe à essence, toutes ! Alors, on y reste tout l'été...

Ce jour-là, l'anecdote m'a amusé. Désormais, cela ne m'amuse plus du tout.

De retour à Paris à la fin du mois d'août, dans mon bureau, je trouve une quantité impressionnante de lettres. Il y en a des milliers, soigneusement classées par ma secrétaire. Une collègue de TF1, par exemple, m'a déposé ce petit mot : « *Cher Jean-Pierre, ce déballage médiatique sur ton couple est révulsant, insupportable. J'espère que cela ne t'affecte pas trop et que tu arrives à mépriser ces ignominies. Je te sais fort, garde confiance en toi. Ce ne sont pas quelques vendeurs de soupe qui peuvent démolir tout ce que tu as construit...* » Elle, bien sûr, a compris que toute cette histoire était totalement fabriquée. Mais des millions de Français l'ont prise au sérieux et quelques lettres me le prouvent, comme celle-ci, lapidaire : « *Sacré cocu ! Vous qui aimez les corridas, vous devriez plutôt soutenir les bêtes à cornes...* »

Néanmoins, l'immense majorité des gens qui m'ont écrit se disaient outrés par cette immonde campagne.

« *Vous faites partie de la famille, cela fait des années que nous déjeunons ensemble. Votre merveilleux sourire, votre professionnalisme nous apportent un peu de bien-être dans cette actualité morose et souvent tragique. Tenez bon !* »

« *Fidèle de votre journal, je suis bouleversé par ce qui vous arrive, ne baissez pas les bras.* »

« *Pauvre Nathalie, pauvre Jean-Pierre, on espère que la presse va vous lâcher et vous laisser vivre.* »

Vivre. Sans gêneurs. J'en ai tellement envie ! Toutes ces lettres me feraient presque pleurer. Elles sont pour moi de vraies marques de soutien d'un public qui au fil des années a appris à me connaître. Mais je m'aperçois aussi, au hasard des correspondances, que d'autres, nombreux, sont tombés dans le piège des vendeurs de papier.

Partout, on me demande des interviews. J'ai refusé pendant trois mois mais mon silence n'a rien arrêté. Si je me tais on m'enfonce. Si je parle, on va m'accuser de « m'exposer ». Finalement, je sors de ce long mutisme médiatique mais... uniquement pour parler de mon travail ! Un pied de nez aux fouilleurs de poubelles. Je m'adresse d'abord, fin octobre, à *Télé Loisirs*, l'un des seuls magazines à ne pas avoir abordé la rumeur de l'été et j'en suis reconnaissant à son directeur, Gilles de Prévaux, qui s'est comporté en vrai journaliste en retenant les envies de « suivisme » d'une partie de sa rédaction. Quelques jours plus tard, j'accorde un autre entretien à *TV Magazine* dont le patron, François Tauriac, a lui aussi résisté à la déferlante estivale.

Pendant ce temps, Nathalie et moi essayons de continuer à vivre à peu près normalement. Quelques sorties ensemble pour soutenir des œuvres caritatives, notamment son association Ti'toine, quelques courses automobiles dont nous partageons la passion et... enfin des vacances. La Toussaint avec les enfants à Djerba. Le soleil est au rendez-vous. Mais, horreur ! Les paparazzi aussi...

Quand cela s'arrêtera-t-il ? Est-ce la « rançon de la gloire » de devoir vivre traqués ? Devons-nous rester cloîtrés chez nous ? Devons-nous cesser d'apparaître, de partir en vacances, d'aller faire nos courses ?

Nous n'en n'avons pas l'intention. Donc nous ne serons jamais en paix. « À l'heure du règne absolu de l'image, le dévoilement de l'intimité est devenu un véritable phénomène de société », écrivaient récemment Laurence Debril et Renaud Revel dans *L'Express* (13 octobre 2005). Nathalie et moi l'avons amèrement constaté et, pour ma part, j'ai bien compris cette nouvelle donne.

J'ai compris, mais je n'admets pas.

Je n'admets pas de payer en lourdes indélicatesses et autres fausses nouvelles une popularité acquise grâce au travail, au respect et à l'amour que je porte à ceux qui, finalement, « déjeunent » avec moi tous les jours depuis bientôt vingt ans.

Je déplore aussi, de façon plus générale, qu'une personne « en vue » prenne tant d'importance que sa vie en devienne un exemple, dans quelque domaine que ce soit, qu'il s'agisse de ses goûts, de ses joies, de ses peines voire de ses erreurs. On me dira que c'est une façon de rassurer les gens dits « simples » – adjectif que je tiens pour un vrai compliment quand on le compare aux qualificatifs tordus que l'on pourrait donner à certains blasés de la fortune. Quant à les rassurer, je ne vois pas comment. En leur montrant que chez certains privilégiés aussi, il y a des mensonges, des trahisons, des ruptures et des larmes, dût-on les inventer ? On oublie que les gens simples en question connaissent bien mieux que les autres l'humble acceptation des malheurs du temps et savent bien mieux fêter les moments de joie. C'est pour cela que je n'ai jamais coupé les ponts avec eux. Et je trouve que c'est les mépriser que de les attirer dans le genre de traquenard qui consiste à transformer les bobos des people en tragédies, pendant qu'eux, parfois, et dans la plus grande dignité, affrontent des drames humains infiniment plus douloureux. Bien sûr, les « célébrités » ont le droit de souffrir, d'aimer, de pleurer de rire ou de désespoir, mais elles ont aussi celui de pouvoir le faire en silence, comme n'importe lequel de leurs admirateurs.

D'ailleurs, là encore, je ne me considère pas comme une célébrité. Je suis populaire, sans doute, et Dieu sait quelle joie cela me procure, mais je ne me suis jamais vu « en haut de l'affiche » : je ne suis pas un artiste. Dans l'exercice de mon métier en ce qu'il comporte de responsabilité, de créativité et de remise en cause permanente, même si je ne travaille pas de mes mains, je revendiquerais plutôt le noble titre d'artisan. Quant à être l'artisan de mon bonheur, il me faut sans doute faire comme tout un chacun : chaque jour sur le métier remettre son ouvrage.

En son âme et conscience, avec ce qu'on peut de talent, et loin des regards indiscrets.

REMERCIEMENTS

Merci à mes parents, à Dominique, à Jean-François, Béatrice, Karine, Gabriel, et à tous ceux qui m'ont permis d'être ce que je suis.

Et merci à Huguette et Virginie, pour m'avoir aidé à mettre de l'ordre dans mes idées.

TABLE DES MATIÈRES

Direction littéraire
Huguette Maure
assistée de
Maggy Noël
Sophie Renoul
et Édouard Boulon-Cluzel

Composition PCA
44400 – Rezé

Impression réalisée sur CAMERON par

BRODARD & TAUPIN
GROUPE CPI

La Flèche

pour le compte des Éditions Michel Lafon
en février 2006

Imprimé en France
Dépôt légal : février 2006
N° d'impression : 33935
ISBN : 2-7499-0415-3
LAF : 793